臺灣史上最有梗的臺灣史

藏書界竹野內豐 黃震南 著
壯兔 繪

注：「梗」正字為「哏」，意指相聲中安排的笑點

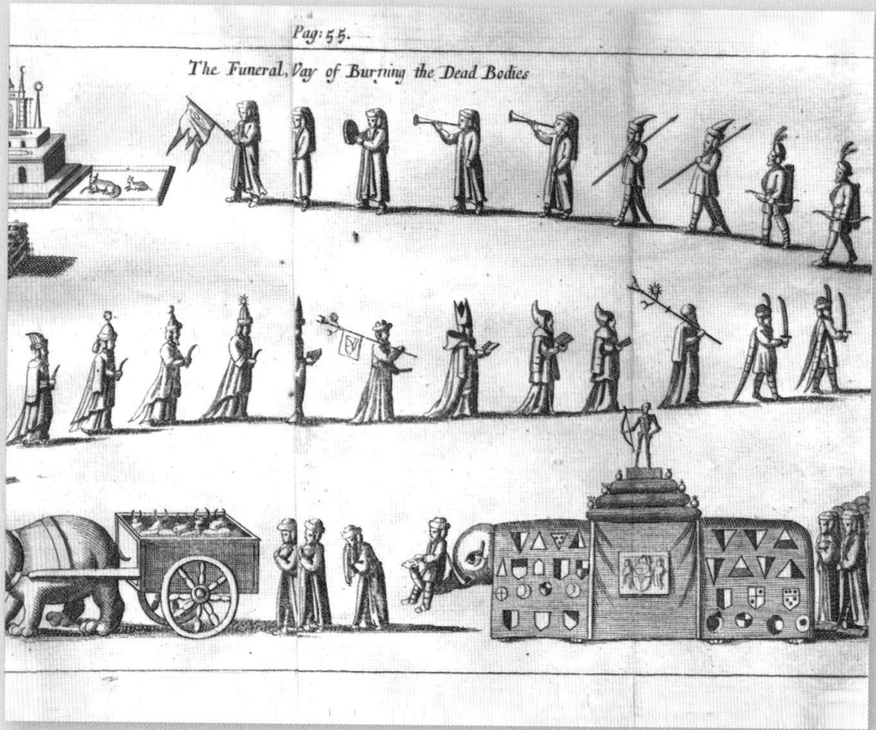

歐洲人所繪製的臺灣喪葬隊伍圖

這張圖出自 1705 年書名很長的一本書，臺灣有中譯本，叫《福爾摩啥》。圖中畫的是臺灣的喪葬隊伍……等一下這完全不像啊！當然不像，因爲作者是個根本沒到過臺灣的歐洲佬啊。但他在歐洲卻自稱是臺灣原住民（大家好我是灣灣啾咪～），藉此四處演講作客招搖撞騙，滿足了荷西時代結束、歐洲人返回歐洲後對臺灣的異國想像。（相關內容請見第 3 章）

日本《風俗畫報》所附的全彩拉頁海報

日本《風俗畫報》雜誌「臺灣征討圖繪」特輯附錄的全彩拉頁海報。不過，這一場明明是日軍輸慘了，爲了銷路還是把日軍畫得帥慘了，連雪白軍裝都沒有破損髒汙，鋼鐵人的鎧甲都沒這麼神哪。（相關內容請見第6章）

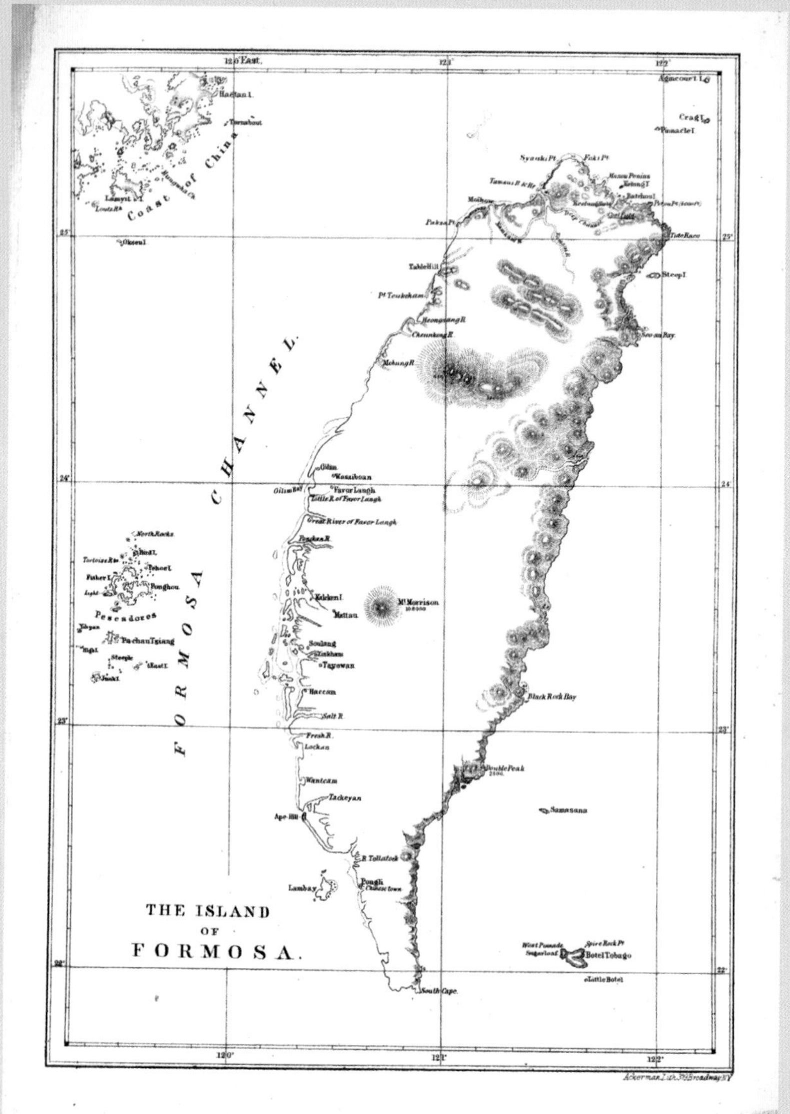

培里在報告書中所附上的臺灣地圖

這是美國海軍將領培里在 1856 年出版的報告書中所附的臺灣地圖。雖然畫得有點像變形蟲，但對那時代而言已經挺精準的了。這張圖應該也是美國繪製的第一張臺灣地圖。（相關內容請見第 5 章）

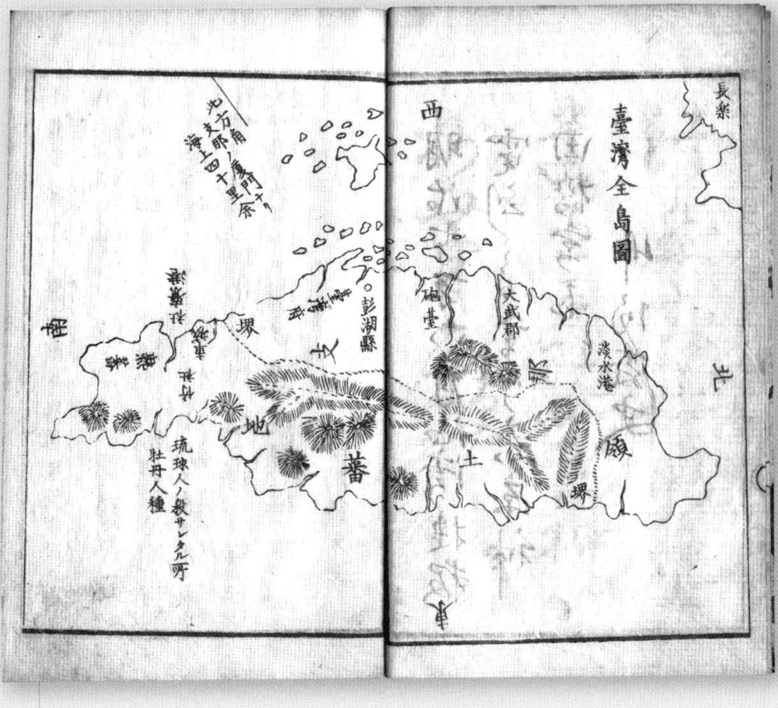

《臺灣軍記》中的臺灣地圖

這是記錄牡丹社事件的日文書《臺灣軍記》附錄的臺灣地圖……這隻就完全是變形蟲本人了。不是我要嫌，老美快二十年前都畫得比你好。（相關內容請見第 5 章）

《明治太平記》中的插圖

記錄牡丹社事件的日文書《明治太平記》繪製的插圖。明明是自己跑來打人（還打錯人），居然畫得像原住民偷襲。（相關內容請見第 5 章）

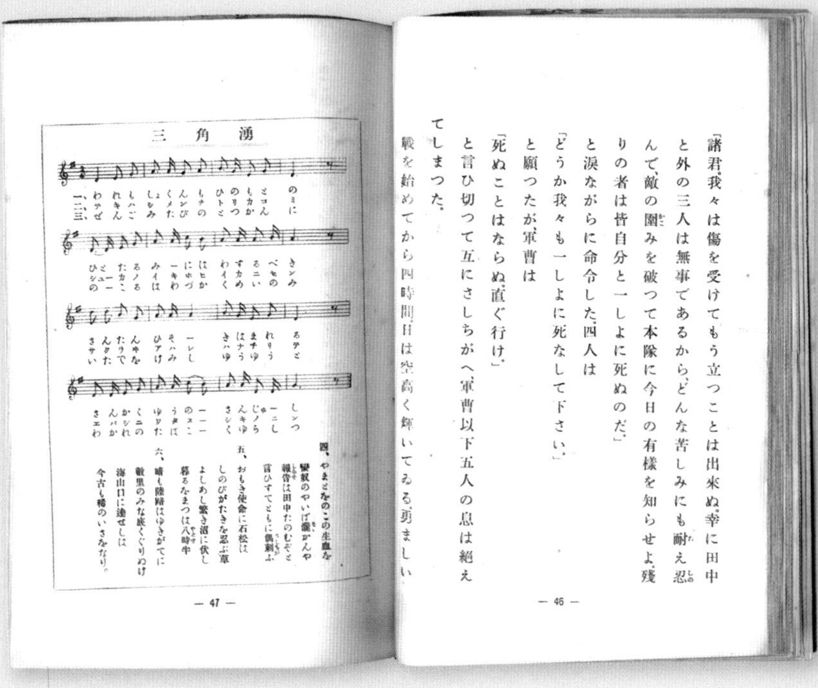

日本人編寫的歌曲〈三角湧〉

日人爲了紀念在三峽壯烈犧牲的日軍，編寫一首名爲〈三角湧〉的歌。日治時代的作家賴和（人稱「臺灣新文學之父」，很威）曾在手稿中提及，他小時候讀公學校時也唱過這首歌。（相關內容請見第6章）

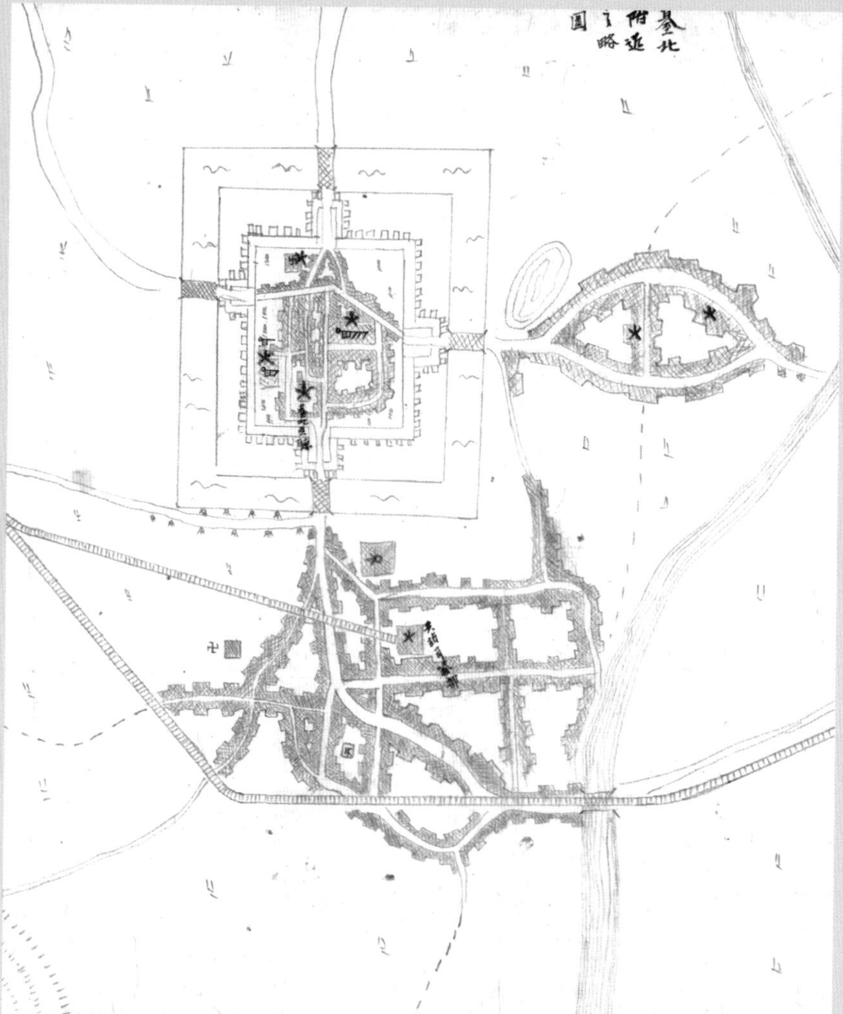

臺北市及附近略圖

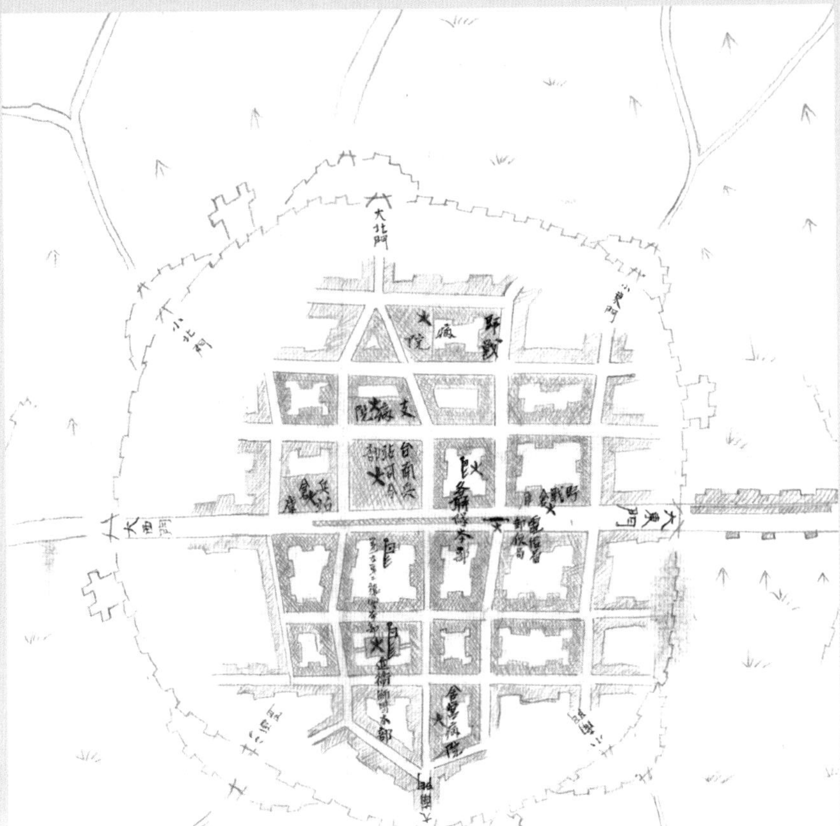

臺南市略圖

日本軍隊接收臺灣時，用鉛筆手繪的城鎮地圖。當時軍隊來去匆匆，他們哪來時間畫地圖還測量等高線，令人想不透，應該是從軍事地圖描下來的。（相關內容請見第6章）

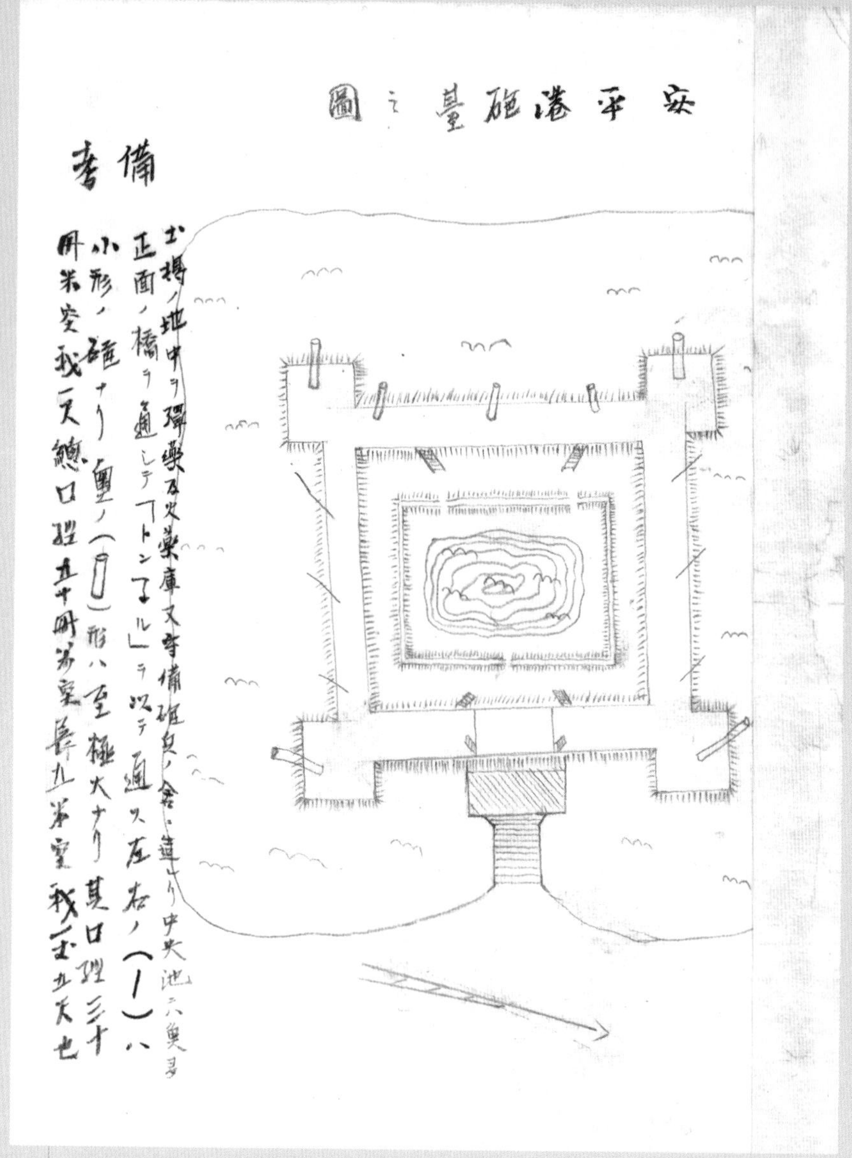

安平港砲臺圖

日本軍隊接收臺灣時，用鉛筆手繪的城鎮地圖。這一張畫的是臺南億載金城，當時是臺灣第一座西式砲臺，而這位阿兵哥當然不是去觀光的。（相關內容請見第 6 章）

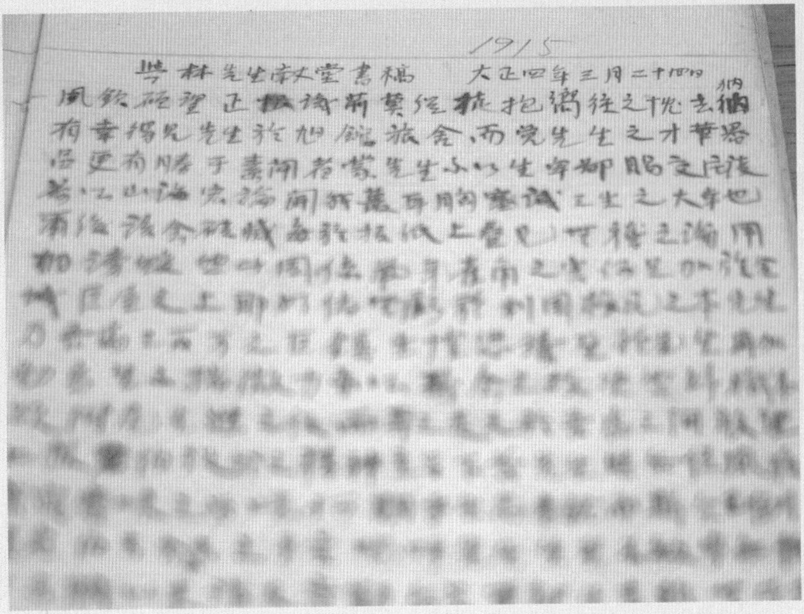

1915

與林先生獻堂書稿　大正四年三月二十四日

蔡培火致林獻堂的書信草稿

蔡培火寫給林獻堂的第一封情書（誤）。爲了愼重起見，他還拿了一冊新筆記本，先在裡面打草稿，擬好草稿才謄寫在紙上寄出去。沒有這封信，蔡培火就不會到日本，也就不會辦《臺灣青年》，也就沒有後來的許多社會運動。（相關內容請見第6章）

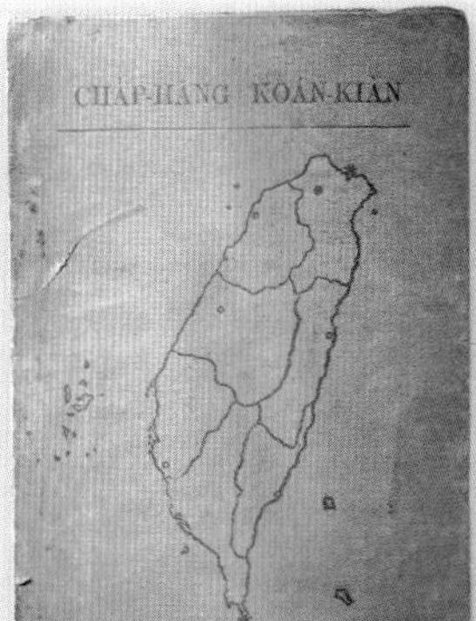

《十項管見》書影

蔡培火寫的《十項管見》，是以羅馬字用臺語書寫針對臺灣社會的十篇論說文。這不但是臺灣史上第一本社論專書，也是臺灣史上第一本白話字散文集。（相關內容請見第6章）

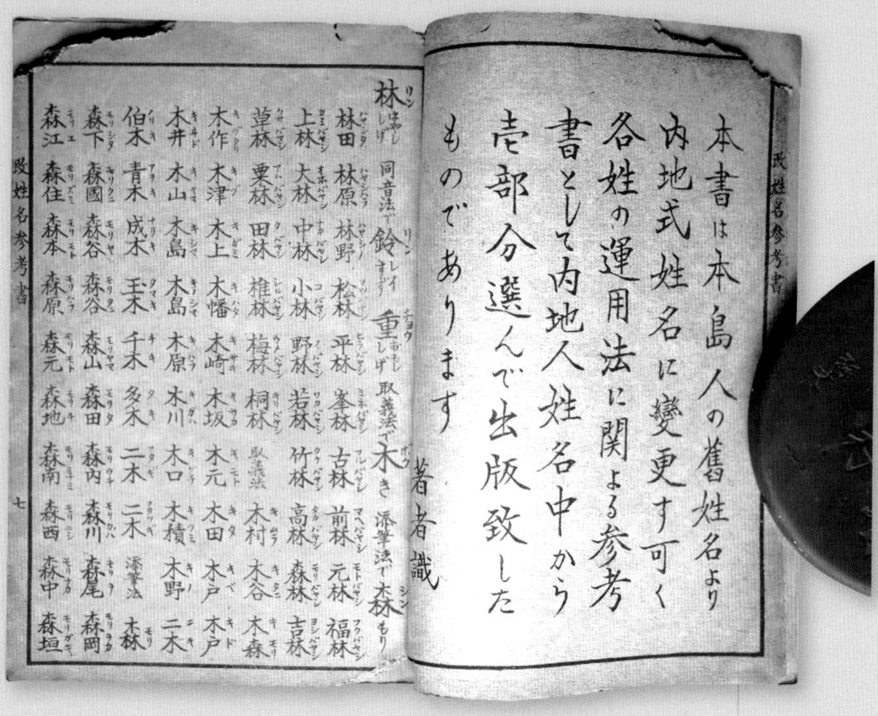
改姓名參考書

林 同音法で 鈴 重 取義法で 木 添筆法で 森

林田 林原 林野 松林 平林 峯林 古林 前林 元林 福林

上林 大林 中林 小林 野林 若林 竹林 高林 森林 吉林

草林 栗林 田林 椎林 梅林 桐林 取義法 木村 木谷 木森

木作 木津 木上 木幡 木崎 木坂 木元 木田 木戸 木戸

木井 木山 木島 木島 木原 木川 木口 木積 木野 二木

伯木 青木 成木 玉木 千木 多木 二木 二木 添筆法 森

森下 森國 森谷 森谷 森山 森田 森内 森川 森尾 森岡

森江 森住 森本 森原 森元 森地 森南 森西 森中 森垣

七

改姓名參考書

本書は本島人の舊姓名より内地式姓名に變更す可く各姓の運用法に関よる参考書として内地人姓名中から壱部分選んで出版致したものであります

著者識

日治時期的「改姓名參考書」

日治後期，臺灣總督府推行「皇民化運動」，需要改姓名的臺灣人，可到書店買這種「改姓名參考書」，按圖索驥，無痛教學，讓您第一次當日本人就上手，誠爲居家旅行、送禮自用必備好書！（相關內容請見第 6 章）

「灣生」們創辦的《民俗臺灣雜誌》書影

在皇民化運動如火如荼「去漢化」時，有一群在臺灣成長的日本人（稱爲「灣生」），竟敢無視國策，創辦《民俗臺灣》雜誌，專門介紹臺灣的傳統風物。總督府雖然覺得看了很礙眼，但又抓不到什麼小辮子，而且該雜誌帶頭的也都是日本人，只好睜一隻眼閉一眼，讓這雜誌發行到二戰結束前夕。這套雜誌也成爲今天研究臺灣民俗的寶庫。（相關內容請見第 6 章）

《國語會話教科書》書影

戰後初期，臺灣民眾歡天喜地迎接祖國到來，街頭巷尾紛紛開設「國語補習班」，書店裡也出現不少這種國語自修教材。這段期間人人爭學國語的熱潮，稱爲「戰後國語熱」。（相關內容請見第 7 章）

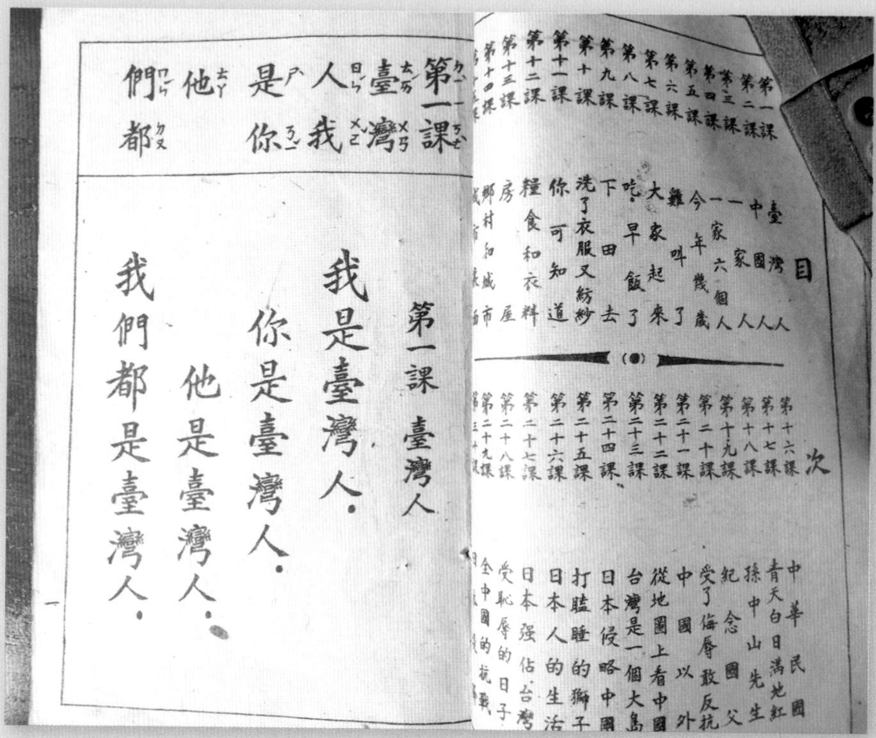
第一課
臺灣人
我是臺灣人。
你是臺灣人。
他是臺灣人。
我們都是臺灣人。
目次

戰後初期所使用的國語課本

在戰後初期，行政長官公署編印的《國民學校暫用國語課本》甲編。民間笑話說：中國來的長官用臺語演講時，把「我是臺灣人，你是臺灣人」念成「餓死臺灣人，捏死臺灣人」，最早出處搞不好就是這裡。（相關內容請見第 7 章）

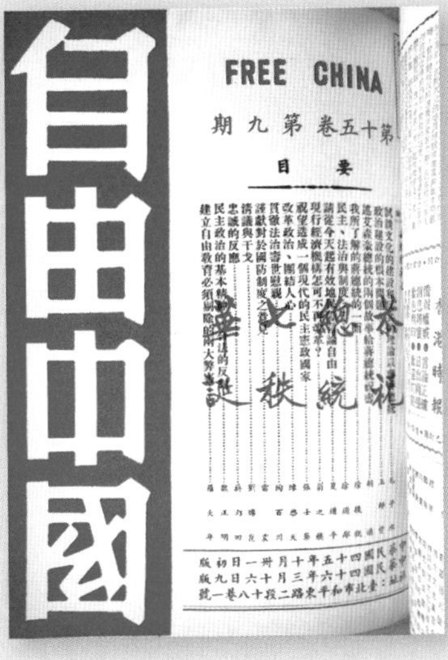

《自由中國》雜誌「祝壽專號」目錄

《自由中國》雜誌最暢銷、也是埋下禍根的一期，俗稱「祝壽專號」。人家過生日你在那裡唱衰，過分過分，該關該關。（相關內容請見第7章）

《自由中國》與《「自由中國」半月刊違法言論摘要》。

用現代的話來講，這本由政府發給媒體的小冊就是《自由中國》雜誌滅亡的懶人包。（相關內容請見第7章）

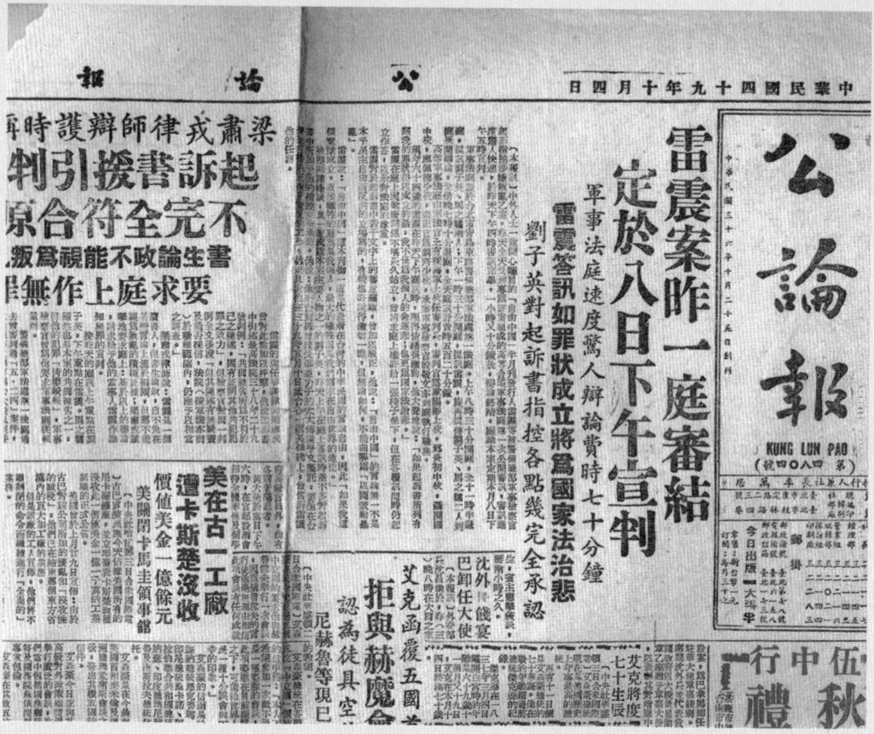

中華民國四十九年十月四日

公論報

KUNG LUN PAO

第四八〇四號

雷震案昨一庭審結
定於八日下午宣判

軍事法庭速度驚人辯論費時七十分鐘

雷震答訊如罪狀成立將為國家法治悲

劉子英對起訴書指控各點幾完全承認

梁肅戎律師辯護時稱
起訴書援引判
不完全符合原
書生論政不能視為叛
要求庭上作無罪

美在古巴一工廠
遭卡斯楚沒收
價值美金一億餘元
美關閉卡馬圭領事館

沈外長餞宴
巴卸任大使

艾克函覆五國
拒與赫魔會
認為徒具空

艾克將度七十生辰

雷震案當時的報紙頭條

這份報紙《公論報》由臺灣省議會「五龍一鳳」之一的李萬居擔任社長，是當時相對公正的媒體。《公論報》被政府加上許多限制打壓，最後將該報經營權轉賣給聯合報系，成為今天的《經濟日報》。（相關內容請見第 7 章）

〈推薦序〉 好書，不讀嗎？

馬雅人

作者不知何許人也，亦不詳其姓字，在ＰＴＴ上自稱「藏書界竹野內豐」，藉此走跳於世。他的網路文章每每展現其深厚的臺灣鄉土文化底子，尤其是在臺語文研究、各類文史資料的蒐集方面，都讓鄉民大開眼界。同時，文中的幽默感也深受鄉民朋友的歡迎。

這次竹野內桑的《臺灣史上最有梗的臺灣史》，與一般冷冰冰的史學專業書籍不同。不但融入許多臺語諺語、自身田野調查與蒐羅文獻的經驗，深具趣味性，除了能增加孩童閱讀興趣，書中還運用了許多「鄉民梗」，家長也能夠有所共鳴，一同了解臺灣史。鄉民之中臥虎藏龍，有些同樣爲人父母，相信看到書中的「鄉民梗」必會會心一笑。這本書是一本既趣味，又富有知識性的書籍，相信很適合拿來「防禦」家中寶貝不斷追問的攻勢！

（本文作者爲ＰＴＴ資深鄉民、臉書粉絲團「馬雅國駐臺辦事處」負責人）

〈推薦序〉汝爲臺灣人，不可不知臺灣事

水精靈

「汝爲臺灣人，不可不知臺灣事。」猶記這是高中國文第四冊第一課〈臺灣通史序〉中，令我印象最深刻的一句話。曾經有那麼一段時間，想要弄懂關於「婆娑之洋、美麗之島」的二三事，只不過，多年以後，不管是自己還是他人，每當問起這座蕞爾小島的歷史足跡，得到的答應不外乎是「三不一沒有」（不清楚、不知道、不要問我與沒有教）。

後來因緣際會之下，讀到這本《臺灣史上最有梗的臺灣史》時，讓我重新認識了這塊土生土長的大地，如同天外飛來一盤彗星炒飯，賞了我飢渴的內心一頓粗飽。作者以貼近年輕世代的用語，佐以PTT鄉民哏，通篇趣味橫生、引人入勝，說是史普書籍中的神作也不爲過。

「八十七分！不能再多了！」這是作爲同樣身爲鄉民的我，將U質好文量化之後所能給出的評價。我媽還問我爲什麼跪著看咧！

（本文作者爲PTT八卦版科普作家）

〈推薦序〉人人都應該要有不同的意見

名爲變態的神父

書寫臺灣史是困難的事情，我想原因就在，鏡子裡面有「人聲」。

照著鏡子，你會發現，除了青天白日、三七五減租、耕者有其田，就沒有其他的了，重要的那一頁被撕去，大肚王國、濱田彌兵衛、大甲西社事件，卓介卓霧亞生憤怒地把番刀插在地上，漢人知事說他們必須繳米糧，才能出去捕鹿。

活水來冊房，就像是這把刀一樣，他代表的意義是「我有不同的意見」。有些人聲還沒被聽見，有些故事還沒有被遺忘，化作隻言片語散布在各個角落，只是，有些人想讓你覺得，這不太重要而已。

你應該也要有不同的意見。

我和這位Ｂｒｏｔｈｅｒ所在的地方，臺大ＰＴＴ實業坊，正是這樣「不同意見」的所在，如果我們每個人都勇於探索這塊土地的種種，化作獨特的語言表達，那不意味著，我們的詮釋全是對的，但至少，我們可以慢慢地，拼湊出眞實的答案。

英國歷史學家柯林武德曾說過：「今天由昨天而來，今天裡面就包括有昨天，而昨天裡面復有前天，由此上溯以至於遠古，過去的歷史今天仍存在著，它並沒有死去。」

我們的遠古在哪？就在這天盡海飛之地，天盡海飛之地之人哪，不管你贊同或反對，現在的臺灣人，就是推動歷史的人。

（本文作者爲PTT資深鄉民）

〈作者說〉

這不是一本關於臺灣史的教科書——這樣說可能比較好

這當然不是一本臺灣史教科書；我甚至不希望這本書被塞到書店的「史普」區。（等等，不然要放在哪？食譜區嗎？）準確地說，我希望把這本書定位成：一本偶爾會提到臺灣老故事的搞笑散文。要比擬的話，大概就像是宅女小紅不以胯下為主題，改聊臺灣的事情那樣吧。（如果你看到這裡發現怎麼跟想像不一樣根本買錯書了，還是請你不要退書好嗎，我會收不到版稅的～）

（有必要講這麼明嗎？）

託近年選舉之福，這邊說那邊「皇民」，這邊說那邊「漢奸」，你來我往，好不熱鬧，搞得臺灣人必須在明天投票之前先把上世紀的往事釐清。在爸媽抱著頭抱怨「選舉選成這樣我都不會教小孩了」之餘，對教育的好處是，這樣的氣氛讓臺灣人比以前更關心這塊土地的過往。於是「史普」（歷史普及）

書籍不但比以前更暢銷，種類也愈顯多元：有爲哈日族編的、有爲文青編的、有爲青少年編的、有爲兒童編的、有爲懷舊者編的，也有爲罵特定政黨編的（喂）……不過，看來看去，我發現有一個族群，他們極度缺乏臺灣史的知識，卻偏偏該是亟需補習臺灣史的人。他們，就是家有小五學生的家長。

大約近十年來，國小五年級的社會課程開始教「臺灣史地」，成爲國小三、四、五、六年級的社會課中，最難讀的一年。沒錯，比六年級社會更難，相較之下，六年級社會比較像是生活課。而今日小五學生的家長，平均年齡大約四十歲，出生於一九七〇年代，童年在戒嚴時期度過，學生時代都在背湘贛鐵路和九一八事變，從課本上所獲的臺灣史知識，基本上幾近於零。

讀到這裡，你可能點頭如搗蒜，哽咽著說：「對！對！我就是這樣！小孩拿著考卷問我什麼是《自由中國》，我真的答不出來……（掩面痛哭，不能自已）……感謝你寫了這本書，來拯救我們這種人！」別誤會了，這本書不是用來讓你「N小時讀懂臺灣史」的。這種「輕臺灣史」的書非常多，如果你有需求、有興趣，早就去讀了不是嗎？

這本書不是讓你快速讀通臺灣史的。想要能夠回答小孩的臺灣史疑問，還不如直接拿小孩的社會課本來讀呢！這本書其實是用來讓你讀了，能馬上假裝比孩子更懂的特效藥。

「爸，你知道臺灣在幾萬年前就住人了嗎？」

「這哪有什麼，你知道三千年前有一個臺灣人，他還是今天地球上所有人類的共同祖先嗎？」

「娘，你聽過陶德嗎？」

「當然知道，要不是他，我們怎麼會搬來臺北！」

「……原來陶德是房仲喔？」

——這不是很酷嗎？本書對於臺灣的通史，可以說是避重就輕、隨便帶過（也太口無遮攔了吧），但比起從頭到尾好好把歷史課上過一遍，我更有興趣的是在時光走廊閒逛時，駐足停下，從牆縫偷窺一些鮮爲人知但眞的引人入勝的小玩意。總歸一句：哪裡有哏，我就寫。

當你拿起市面上關於臺灣史的書，是否擋不住排山倒海而來的睡意？試試這本吧！這不是一本適合學者讀的書，研究者也不可能引用這本書的文字寫論文（勸你引用些比較有水準的期刊），畢竟這只是一本會提到臺灣老故事的搞笑歷史散文而已。如果你讀了這本書之後，竟然對眞正的臺灣史動了眞感情，那就可以去找相關的書籍來自修。無論如何你已踏出了認識臺灣的第一步，不是嗎？

第1章　原始人：媽媽，我是從哪裡來的啊？

第2章 來了來了，歪果人輕輕地從地球另一端爬過來了

第3章 建國燈塔復興舵手反攻希望民族英雄鄭成功

第4章 信不信由你清朝統治臺灣最久

第5章 現代化就像轉大人，有點尷尬害羞但不能回頭了

第6章 日出東方唯我不敗

第7章 還沒成爲歷史的歷史

第1章
原始人：媽媽，我是從哪裡來的啊？

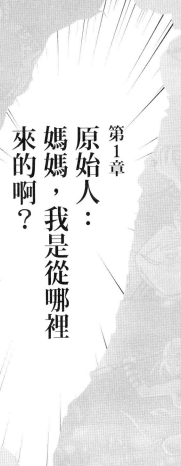

「我是從哪裡來的」這種問題，不要問，很可怕[1]

從前從前，在臺灣島上，有一個原始人小孩，年方三歲，名叫阿薩布魯，有一天，他天眞地仰起小臉，開口問媽媽：「媽媽，我是從哪裡來的啊？」

媽媽正在縫獸皮的動作突然凝結，深深吸了一口氣，心想：「來了來了，該問的問題終於來了。」幾年來原本在心中演練上百次的臺詞已到嘴邊，卻突然結結巴巴：「嗯，這個，爸爸媽媽很相愛，有一天爸爸說他的山洞又大又溫暖，然後，嗯，你去問你爸好了。」

阿薩布魯不解地說：「有這麼複雜喔？隔壁山洞的阿斯巴拉說，他們家都是從島外來的。」

是的，我們也很想知道小小原始人阿薩布魯的小小問題：臺灣的史前人類們，你們到底怎麼來的啊?!

首先可以確定的是，臺灣最早的史前人類，當然不會是從土裡爬出來的（又不是殭屍）。臺灣島原本是在大海深處的……不是大鳳梨[2]，是海底板

1：「不要問，很可怕」出自中華職棒興農牛隊林克謙的口頭禪，後來被網路使用者（鄉民）廣泛使用。

2：「是誰住在深海裡的大鳳梨裡」出自卡通《海綿寶寶》主題曲。

?
不要再推給把拔了，
我今天就要知道答案！

塊，大約在六百萬年前，因爲地殼的擠壓，這海底的地殼終於凸出海面變成了島嶼。可以想像，剛浮出水面的島上，只有滿地跳來跳去慌張的活魚（最好是啦），這就是爲什麼我們在陸地上可以挖到貝類化石的原因。絕對不是《哆拉A夢》中大雄所說的，海中生物上岸玩得太開心不想回海裡，所以變成陸地上的化石。

是的，臺灣島上原本沒有人，後來之所以會冒出人類，顯然只能是從島外搬家搬過來的。

等一下！所以原始人是我們倆划著船兒採紅菱一路採過來的嗎[3]？倒也不是，當時要來臺灣的方法，居然比現在方便得多，他們走過來就可以了。原因是數萬年前地球進入冰河期，水分大多結成冰霜覆蓋在陸地上，沒有化成水流進海裡，所以海水變少，臺灣海峽那淺淺的海底，就露了出來成爲陸地，與中國大陸連接在一起。所以說海水退了，就知道誰沒穿褲子[4]……啊不是，海水退了，於是原本在中國大陸和臺灣島上的生物們，就可以很愉快地跑來跑去，玩來追我啊呵呵的遊戲。臺灣最早的史前人類，就是這時候從外面跑來臺灣的。當然，大約一萬多年前冰河期結束，陸地上的冰雪化成了河流灌進大海，

3：「我們倆划著船兒採紅菱呀採紅菱」是老歌〈採紅菱〉歌詞，鄧麗君唱過。

4：「海水退了，就知道誰沒穿褲子」是政治評論家胡忠信的名言，意思是答案揭曉時，就知道誰丟臉。

臺灣海峽就恢復成大海了，臺灣島也從此與中國大陸天人永隔（這句話不是這樣用的好不好），原始人望著臺灣海峽說：「可是瑞凡，我們回不去了。」[5]島上的原始人先生女士們也就這樣住下來了。

這就是臺灣史前人類的由來。順帶一提，他們有可能是從不同地方（比如現在的中國南方，或者東南亞島嶼）來的，也可能是分批來的而不是一次到位。總之，我們缺乏確切的證據以了解當時到底發生什麼事，因爲這些事情距離我們今天太久太久了，連觀落陰都找不到鬼了的那麼久，所以只能大概這樣推測，但應該也八九不離十了。

報名當臺灣最早的人類沒有早鳥優惠

那在臺灣島上最早的人類是誰呢？在這之前，我們要先定義怎樣才算「人類」。我們都知道，現在的生物都是由古代生物慢慢演化來的，演化的過程是很緩慢的，不會突然完成，好比說，母猴要傳下無數個下一代才會越來越

5：出自電視劇《犀利人妻》。受盡傷害的老婆對丈夫說，以前的幸福婚姻已是回不去的過去。

長得像人，總不可能母猴突然就生下一胎沒有毛的人類吧（猴爸爸會起疑心的）。那在慢慢演化成「人類」的過程裡，到哪個階段我們才承認他是「人」而不是猿猴呢？

古文說：「人之所以異於禽獸者，幾希。」通常我們判別是人是獸，除了用外觀來斷定（但也有人長得很像猩猩，所以不準），人類有些技能是動物學不來的，這才是人類眞正異於禽獸之處。原始人賴以過活的技能，如狩獵、漁撈、採集，拜託這些事情野生動物也會做好不好，來點有創意的吧。使用工具呢？有些動物其實也略懂略懂[6]，比如有些鳥會叼樹枝把樹洞裡的蟲叉出來、猴子打架會丟石頭等。我認爲眞正具劃時代意義的，就是歷史課本第一章記載，擲地有聲的這四個字：「已知用火。」

不服氣的，你去教你家來旺生火給我看。

生火不僅是體力活，更是技術活。鑽木取火我高中童軍課時也試過，眞的是累死人的事情（算了吧，我連中秋烤肉生火都生不出來），有興趣的朋友自行上YouTube搜尋。在這裡，我就不搶《荒野求生祕技》[7]的生意了，回過頭繼續講臺灣史前人類的故事。

6：「略懂略懂」出自電影《赤壁》裡金城武的臺詞。

7：探索頻道著名野外求生節目。

根據考古學的發現，臺灣最早的史前人類文化，我們將他們命名為「長濱文化」，最早可以推到五萬年前，他們平日就是打打獵物、抓抓魚、採採水果維生，連房子都還不會蓋，住在山洞裡。你看這種生活根本和野生動物沒兩樣對不對？但是他們已經學會了用火，這支火把可說是在人類和野獸之間畫出了一條界線。有了火，可以照明、取暖、驅趕野獸，還有肉汁四溢的烤肉可以吃，多痛快啊！不過保健小天使提醒您：天天巴比Q，小心得大腸癌喔～

在這裡，我們提出兩個問題：第一，長濱文化之前，還有更早的人類嗎？第二，長濱文化的人類，後來便成為我們的祖先嗎？

長濱文化之前，有沒有更早的人類？可能有，也可能沒有（你能找出比這句更廢的話我就佩服你）。由於臺灣氣候溼熱，一般情況下，屍體種到土裡爛得很快（當然也有變成乾屍、蔭屍等硬是不爛的硬漢，但非常稀少），要保存個幾萬年還能讓我們挖到一根半根死人骨頭已經是奇蹟了，如果眞有比長濱文化更久遠的人類，大概早就爛成灰了吧；就連長濱文化本身也沒有遺骸留下，只有他們住過的存在痕跡。

而長濱文化的人類是不是我們的祖先？或者更進一步講，在臺灣各地發現的史前文化，如圓山文化、卑南文化等等，是臺灣原住民的祖先嗎？也許是，也許不是（又是廢話）。再強調一次，現在說的是非常非常久以前的事，久遠到連擲筊都問不出來的地步。只知道就現在發現的遺址來說，長濱文化大約延續到五千年前才消失。這個消失是怎麼消失的，再強調一次，五千年前是很久以前的事情，久遠到玩碟仙都沒辦法把靈魂請回來的地步，就算眞的請柯南[8]出馬都不知道答案。但一個族群的消失，不外乎幾個原因：天災，例如瘟疫；人禍，比如戰爭。也可能是因爲新族群來了，因此被新的族群取代，或者融合進新族群裡面了，不過大多是被取代掉的可能性比較高。所以其實我們在臺灣各地發現的許多史前文化，今日大多無法斷定誰是哪一族原住民的祖先，不過比較晚期的史前文化如大坌坑文化，我們就猜測它應該是原住民的祖先沒錯兒；甚至從十三行文化的考古研究中，我們推測他們應該是凱達格蘭族和噶瑪蘭族的祖先。

而對於從五千到幾百年前的史前時代人類們，我覺得最神的事情就是：臺灣人可能是現在地球上所有人類的共同祖先。

8：漫畫《名偵探柯南》中的主角，是位偵探。

麻省理工學院的一番話，讓七十億人都驚呆了

沒錯。你沒看錯，我也沒寫錯：臺灣人可能是現在地球上所有人類的共同祖先。

這是來自美國麻省理工學院（對，就是電影裡專出天才的那間學校，不是做麻糬的）在二〇〇三年發表的論文：〈On the Common Ancestors of All Living Humans〉，這篇文章的假設是，如果現在地球上的人類有一個共同祖先的話（想像亞當和夏娃吧），這個共同祖先會是哪裡人？最晚可以推到多少年前？

電腦不但會選土豆，還會找祖先。經過一連串的模擬和計算之後，得出了讓全球七十二億人都驚呆了的結果：這個最近的人類共同始祖，可能是距今兩千多年前的臺灣人。換句話說，可能在兩千多年前，有一個臺灣島上的人（當時的人應該不會自稱「臺灣人」，總之先暫稱他爲「臺灣人」，借沾光一下嘛），他是今天我們地球上所有人類的祖先。

麻省理工學院（ＭＩＴ）研究，指出今日地球上所有人類都是臺灣製造

（MIT），麻省理工學院你是故意製造這個哏的吧。

看到這個結論，直覺上會認爲：怎麼可能?!確實，現在地球上人口已經破七十億人，你說一個人怎麼能在兩千多年前生這麼一狗票，更何況這個人還是住在一個封閉的海島上？

然而事實上，有兩件事情是我們難以想像的，一個是人類繁衍的速度，一個是臺灣對外交通的發展。

防護措施不做好，將來子孫少不了

有一個很有名的數學問題：假設一片浮萍一天分裂一次，分裂規則是一片變兩片、兩片變四片。十五天後浮萍剛好蓋滿半個池塘，請問浮萍蓋滿池塘要花多久時間？

很好，那裡有一位數學天才舉手了，回答三十天，不好意思答錯了請罰站。事實上是再過一天，也就是第十六天，浮萍就會蓋滿池塘。因爲第十五天蓋了半個池塘的浮萍，在隔天每片浮萍又分裂出一片，所以就滿了。

我們回頭來看人的繁衍。人口增加的速度當然沒有浮萍那麼快，卻還是有可能比我們想像中快很多。假設很久很久以前，有一個人叫做林祖公（化名），他訂下家規說：只要是他的子孫，世世代代不管男女，每一個人都要生兩胎。於是林祖公和妻子生了兩個孩子，林祖公就是這兩個人的「祖先」。再傳一代，這兩人各自找對象結婚，又各自生兩人，也就是林祖公有了四個孫子，他成爲這四個孫子的「祖先」（不管是內孫外孫都一樣有血緣關係）。再傳一代，四個孫子又各自找個好人家嫁娶，又各生兩隻，於是林祖公就有了八個曾孫。八個曾孫長大後又各自生一雙，於是林祖公就有十六個玄孫……聰明的你應該看出來了，這是二的等比級數。

如果一代是三十年，也就是傳下第一代時子孫是二人，六十年後的第二代子孫爲四人，九十年後的第三代子孫爲八人，第四代十六人、第五代三十二人……傳到三百年後的第十代，這一代的子孫是一〇二四人。看起來還好對不對？接下來滾雪球滾得就快了：到第二十代子孫，數量破百萬，這不過就是六百年光陰而已。到九百年後的第三十代子孫，子孫數量超過十億人，當然這些子孫和林祖公的關係都比地球到人馬星座還遠了，但依然無法否認這些人有林祖公的血統，林祖公是這些人的共同祖先。

當然，實際上血緣的傳承並沒有這麼理想化。古代死亡夭折率很高、古時候表兄妹結婚的情況很常見、古時候的人遵行活到老生到老的原則等等，變數非常多。這個算法純粹是讓諸君體會血緣關係可以拓展得多快多廣而已。

就算接受人類超會生這件事，大家還是會懷疑：可是論文說這個人住臺灣耶！四面環海、走不出去的臺灣人，要怎麼把子孫散播到全球？

走不出去，那你有划船嗎？

原始人：「鬼島[9]要爆炸了[10]，塊陶啊[11]～～」（拚命划船）

沒錯兒，推開實驗室大門[12]，研究報告指出，臺灣在史前時代就是高超的航海民族居住的大本營。至少約六千年前，臺灣原住民的祖先就開始渡海來臺，取代了更之前的文化，成為臺灣島的新主人，也是臺灣原住民的祖先。什

9：郭冠英曾以筆名「范蘭欽」寫文章稱呼臺灣為「鬼島」，後來廣泛被鄉民引用反諷。

10：鄉民常用「某某要爆炸了快逃啊」來呼籲大家趕緊離開某地。出處可能是早期卡通《霹靂貓》歌詞：「霹靂星球爆炸了，霹靂貓乘太空船，逃出來、逃出來。」

11：這裡是故意打錯字的，出自網路上一篇文章，敘述父親與兒子組隊玩線上遊戲，遇到困難時老爸打字叫兒子快逃的感人故事。這位父親由於事態緊急，來不及選字，打成「塊陶啊」。

12：「推開實驗室大門」是某保養品電視廣告的臺詞，加了這句話當開頭就覺得很有學術權威。

麼？你說原住民祖先又是從哪裡划船過來的？我再三強調，這是很久很久以前的事了（這哏要玩幾次啊）。目前在亞洲大陸已經找不到與臺灣原住民相似的民族可佐證，只能推測應該是從中國南方或中南半島來的。

原住民祖先厲害的還不只是這樣。他們到了臺灣之後，又我們倆划著船兒採紅菱呀採紅菱，嘿咻嘿咻地划到菲律賓（你不覺得火星人布魯諾[13]長得很像原住民嗎？他母親是菲律賓裔），再到印尼，又四散划出去，最西到非洲的馬達加斯加島（未免太遠了，你跑路了嗎），最東到復活節島（摩埃石像[14]的創造者居然和臺灣原住民有關係，已傻眼），最南到紐西蘭（所以毛利人跟原住民是親戚，跟毛利小五郎[15]沒關係）。諸君拿出世界地圖看看：臺灣—馬達加斯加—紐西蘭—復活節島，這四個島嶼圍起來的範圍有多大，一定會驚訝於這段長途旅行的艱辛。

這就是「南島語族」的擴散，從臺灣爲南島語族分布的最北端，花了四、五千年往東、西、南方成體操隊形散開，分布在臺灣、菲律賓、印尼、馬來西亞、新幾內亞、太平洋諸島包括夏威夷等。使用南島語系的人口約有四億，包含了一千兩百種語言。

13：美國歌手布魯諾，綽號火星人。

14：復活節島上面無表情的巨大人頭石像。

15：漫畫《名偵探柯南》裡的角色。

所以臺灣雖然四面環海，但風浪阻擋不了這位兩千多年前的臺灣人，成為海賊王[16]……呃是成為未來人類共同始祖的志向。活到老、生到老的繁殖力，加上臺灣位於亞洲大陸對外最重要的交通門戶，使得這位祖先的血脈傳遍世界各地。雖然「四海一家」「五百年前是一家」這些俗話已經用到爛了，但現在得知這些俗話居然可能是真的，還是覺得天哪傑克這真是太神奇了。[17]

臺灣位於最大陸地和最大海洋的交界，航運四通八達，證據就是在十三行文化的遺址挖到中國的錢幣、瓷器等；甚至還有來自中亞的駱駝圖案銅牌；臺灣的玉石也曾在數千年前就「外銷」到菲律賓、越南、泰國等地。

臺灣的史前時代，還有不少謎團尚未解決，也仍有無數遺址還長埋地底下無人知曉。所以不要怪政府為什麼一天到晚挖馬路了，其實那都是在挖掘史前文物啊（誤）！甚至在臺灣附近海域的海底，也有疑似人造建築的存在；西有澎湖的虎井沉城，東有與那國島海底遺蹟，這些疊砌方正的巨石，揪～竟[18]是天然岩層還是建築物，仍沒有定論（我投建築物一票）。如果真是建築物的話，難道是冰河時期海底浮現為陸地的時候蓋的嗎？抑或是外星人在遠古時代的基地呢？傳說中的姆大陸或亞特蘭提斯就是臺灣嗎？要解開這些謎團，請收

16：「我要成為海賊王」是漫畫《海賊王》主角魯夫的著名臺詞。

17：「傑克，這真是太神奇了」是早期電視購物頻道中外國人常講的感嘆詞。對傑克說這句話的女演員通常叫珍妮佛。

18：這種「揪～竟」的語氣是模仿盛竹如在電視節目《藍色蜘蛛網》「究竟」二字的懸疑口白。

看《關鍵時刻》[19]。（喂!!）

來不及講的故事，請搜尋關鍵字：
石器時代／亮島人／澎湖原人／左鎮人／大坌坑文化／構樹遺傳／臺灣原住民

19：理論上應該是時事評論，但其實都在講古文明與外星人的奇異節目。

第2章 來了來了，歪果人[20]輕輕地從地球另一端爬過來了[21]

臺灣進入歷史時代前，先前情提要一下

時光匆匆匆匆溜走，也也也不回頭，美女變成老太婆~[22]一眨眼時間快轉到十七世紀——什麼？你說跳太快？上一篇長濱文化從五萬年前一跳四萬多年你都沒吭聲了——幾千年來，原住民的祖先在臺灣終於長成原住民（這話怎麼聽起來怪怪的），平時打打獵唱唱歌出出草，在臺灣島上過著「無懷氏之民歟！葛天氏之民歟！」[23]神仙一般的小日子，大概跟生活在樂園差不多吧。可惜好景不常，這座海外仙山，還是被全世界給發現了！

脫離了史前時代，中國進入歷史時代，發展出自己的華夏文化。臺灣的原住民雖偶有對外連絡，但海峽兩岸主要還是各自發展各自的東西，發展幾千年後就越來越不一樣，正所謂「性相近，習相遠」，臺灣中國，一邊一國是也。（咦？）

坦白講，中國對臺灣並不是那麼熟，雖然古書有寫到海外有什麼夷州啦流求啦，但這些地名究竟是不是臺灣，老實講沒有人敢打賭，畢竟中國東邊的大小島嶼一大堆。就算偶爾到過臺灣的中國政權，也只是抓一些原住民回去準

20：模仿外國人自稱「外國人」的國語腔調。

21：抄襲，喔不，這是向國中國文課本楊喚寫的〈夏夜〉致敬：「來了！來了！從山坡上輕輕地爬下來了。」

22：出自馬來西亞歌手阿牛的作品〈浪花一朵朵〉。順帶一提，阿牛跟本書插畫者長得有點像。

23：出自國中國文課本，陶潛的〈五柳先生傳〉，意思就是上古時代過著無憂無慮生活的人們。

備給皇上開開眼界之類的，從來沒有統治過——更準確地講，從來就不屑統治。這主要是漢人的民族性放眼在「陸權」的關係。成語有「占地爲王」，沒聽說「占海爲王」的；只有「逐鹿中原」，沒有「逐鹿海外」。所以臺灣明明四面環海，今日我們的軍隊主力還是陸軍。漢民族對陸地的依戀就跟玩大富翁一樣，每走到一個新地點，就要買下來變自己的土地然後蓋旅館收過路費。所以對於海外小島的評價，大概是遠得要命又小不拉嘰有什麼好在意；如果這塊島上居然已經住了語言文字不通的居民，要去占這塊島還要額外花軍事成本，那還是謝謝再連絡好了。反正我們大漢國、大隋國、大唐國……（族繁不及備載）向來山川壯麗、物產豐隆，炎黃世胄，在東亞稱稱雄[24]就好，俗話說得好：「跑去玩水媽媽會罵。」沒必要遠征海上玩命。

唯一的大例外是鄭和下西洋。明成祖一邊忙著腰斬方孝孺，一邊交代鄭和帶著地表最強艦隊出海。但他派鄭公公下西洋，並不是漢民族突然轉性對海權有興趣了；而是明成祖爲了追查（殺）他姪兒建文帝，才派人出海張貼尋人啓事。然而就算動機這麼不純正，這個艦隊也眞夠看的，造船工藝足足甩開其他國家兩條街[25]，一艘船可納千人；航海所需要的地理、天文、數學技術，大

24：出自〈國旗歌〉歌詞。

25：出自飆車術語，指車子跑得很快，把後面的車子甩開在兩條街後。

明國如果自稱第二沒人敢當第一。所到之處，其他國家無不嚇到閃尿。

然而，在海上搜尋了二十七年，鄭和吹海風吹到都犯偏頭痛了（聽說這就是「公公偏頭痛」[26]的由來），依然沒有找到建文帝的消息；又有一說是終於找到了，所以結束任務。總之，大明國不再派船出海，甚至把船拆了，把報告都送進碎紙機，整件事情好像從沒發生過一樣，又回復漢民族「陸權至上」的心態。鄭和下西洋的劃時代成就，也成了重重謎團。我們熟知的下西洋七次，最遠抵達非洲東岸，那還是有檔案留下的；甚至有學者懷疑鄭和比歐洲人還早到過美洲、澳洲，或者已經繞了地球一圈。當然，此說法不被正統學術界採信。

而就算是大明國派艦隊遠征到非洲抓長頸鹿時，他們也沒有因此對臺灣多看一眼。一晃經過兩百年，時序進入十七世紀，歐洲人終於來了。

26：周杰倫的歌。

鄭志龍是打籃球的與本文無關

但是！在歐洲人來之前，還是要先交代一下，在這些歪果人來臺灣之前，難道臺灣島上除了原住民之外，沒有其他人活動？其實是有的。

大明王國一直對這塊島嶼沒有興趣，不過民間仍然有些交流。有些漁夫會來附近打打魚，有些商人會來附近打打算盤，有些海盜會來附近打打劫之類。他們有時爲了交易、休息、避風雨、避風頭，甚至有些出航沒拜魔法少女林默娘[27]的衰鬼碰上颱風被颳來，也可能登上臺灣島。所以北部的史前遺址曾經出土明朝的「洪武通寶」銅錢，沒有人會認爲那是中國沿海有人拿錢往臺灣海峽打水漂，一路彈過來臺灣的；很明顯的，眞相只有一個（《名偵探柯南》主題曲請下）：中國有人帶著錢來交易。不過原住民視錢財如糞土，視富貴如浮雲，這些銅錢對他們而言不過就是製作得很可愛的小鐵片罷了，可能是留下當裝飾品用。

在這段時期登陸臺灣的人們，最大規模、最有系統且最有名的人，當然是海賊王顏思齊、鄭芝龍了。因爲明朝實施海禁，禁止民間對外貿易（誰想出

27：就是天上聖母媽祖婆。

來的政策，眞天才），不過上有政策下有對策，在中國不能跟歪果人貿易，那我不會跑到中國管不到的地方談生意嗎？於是走私商人、海盜，就紛紛跑來明朝管不到也不想管的臺灣啦～

其中海盜界中的霸主（那是什麼？還是海盜！[28]）顏先生、鄭先生兩位，也是商人，也是海盜，勢力之龐大，甚至有數千民衆投靠依附，隨之住在臺灣，成爲漢人歷史上的「開臺王」。「開臺王」這名字眞的是地表最威頭銜沒有之一；不過也沒什麼了不起啦，當年我當兵休假時到網咖幫同袍先占位開電腦，一開就是二十臺，也是被網咖小妹尊稱「開臺王」啊。

顏思齊的大本營在現在雲林北港一帶，在北港鎭、水林鄉這附近還有「顏思齊十寨」的傳說，幾年前筆者曾和家父到水林鄉做田野調查，訪問榕樹下正在乘涼抓癢的耆老們，他們說大家都知道這是顏思齊十寨所在地，但村裡沒有顏思齊後人，也沒有相關建築或文物。我與家父只好站在看起來和一般嘉南平原農村沒兩樣的村口，閉目養神嘿然不語，希望顏思齊能顯靈指點迷津；還好最後無功而返，否則不管附身在誰身上都很麻煩。

好的，終於要講到歐洲人來了。

28：出自周星馳電影《武狀元蘇乞兒》，丐幫幫主勉勵當乞丐的蘇乞兒，將來能當「乞丐中的霸主」，蘇乞兒好奇地問「那是什麼？」答曰：「還是乞丐！」

福爾摩斯是幹偵探的與本文無關

在過去，歐洲人早已到過亞洲（諸君認識馬可波羅吧），只是一路走過來，千山萬水、豺狼虎豹、土匪強盜、各國關卡的刁難、說不盡的辛苦；其路途之遙遠，用「千里迢迢」來形容都嫌太近了。因此，歐洲國家在工藝技術、數學、天文學累積成果之後，開始試著往大海航行，尋找到亞洲的海上路線。其實，如果抓到季風的特性，是可以一帆風順來往於歐亞之間的，比起坐十一路公車[29]跋山涉水還輕鬆便利。

歐洲人如此積極尋找通往亞洲的路線，是爲了取得寶貴的香料。因爲歐洲國家不產香料，但香料在亞洲熱帶國家是丟在路邊都沒人要撿的東西；（你會撿路邊的胡椒嗎？）若能在亞洲路邊撿到幾袋香料，搬回歐洲賣就一輩子不愁吃穿了。有一個流傳甚廣，但不知眞僞的說法是，當時香料在歐洲是要用等重的黃金購買，從這裡，我們就可以知道這根本是小說家胡扯的……我是說就知道香料有多珍貴了。再舉一個香料珍貴的例子：以前歐洲貴族用餐時，要用乾燥的小指沾一點點香料（好比說胡椒），再灑在食物上享用。爲什麼要用乾

29：走路俗稱「坐十一路公車」。

燥的小指沾呢？第一因爲溼的手指或者其他手指會沾黏太多胡椒，造成浪費。第二是胡椒要保持乾燥才能久放。但因爲喝冰鎭的葡萄酒，手指不免會被酒杯外的水滴沾溼，因此歐洲貴族拿酒杯時，都是翹著小指這樣優雅地拿喔……好啦我承認這純粹是我自己娘砲的習慣動作。

在這之前，歐洲人不是不知道臺灣。著名的「福爾摩莎」之名就是葡萄牙人航行時遠眺臺灣喊出來的，意爲「美麗」。不過臺灣人也不必高興得太早，葡萄牙人就像是個登徒子，看到美女就到處叫人家「漂釀北鼻」[30]，全球被稱爲「福爾摩莎」的地名多得緊，連葡萄牙自己國內也有。但是數百年來國際間最著名的「福爾摩莎」，一直是臺灣。不只荷西時期如此，此後一直到二十世紀中葉，國際間對臺灣的稱呼大多還是「Formosa」。比如位於匈牙利的郵政博物館，並沒有「Taiwan」的檔案櫃，臺灣的郵票歸檔在「Formosa」；義大利的國稅局系統，輸入「Taiwan」時，系統會歸在中華人民共和國底下，必須鍵入「Formosa」，系統才會出現「Formosa＝Taiwan」選項。

當時的歐洲人除了認爲臺灣是塊美麗島，也看見臺灣在國際市場上重要

30：「漂亮寶貝」的怪腔調講法。

的交通位置：除了是亞洲大陸往東出海的要衝，又是東亞島弧中段往來日本、菲律賓必經之地，誰擁有臺灣，就等於擁有信義區捷運站旁十字路口三角窗的黃金店面。其實歐洲各國最先搶奪的是離大明國更近的澳門、澎湖，不過荷蘭人搶占澳門失敗，占據澎湖又與大明國發生衝突，因爲澎湖從元朝起就是中國轄區。荷蘭人只好問：「那我去大員（臺灣）可不課以？」[31]明朝說ＯＫ，這個ＯＫ也眞是慷他人之慨，因爲臺灣根本不是大明朝領土，你是在幫外國答應個什麼勁啊你！於是荷蘭人就嘟嘟嘟把船開到臺灣了。（西洋帆船開船的聲音是嘟嘟嘟嗎？）

荷蘭人退到臺灣意外撿到寶

西元一六二四年，荷蘭人在臺南附近開始建立基地，發現臺灣眞是寶島以前怎麼這麼傻都沒發現呢。先不講把什麼物資運回歐洲賺進暴利，光是杵在這塊島，左手入右手出，做中國、日本、南洋島嶼的物資交換，就可以躺著賺

31：故意打錯字的，模擬歪果人的腔調。

了，而且臺灣不屬任何國家所有，所以也沒有人會來課稅。再說臺灣土地廣大（欸……以當時的人口而言啦）、氣候溫暖，具有良好的農業條件；加上梅花鹿登登登到處亂跑亂跳小鹿亂撞，不殺你還眞是對不起自己的荷包。因此荷蘭人引進黃牛耕作，又找了原住民和中國農民來耕田和捕獵，馬上搖身一變成爲世界級的稻米、蔗糖、鹿皮專門供應商，後兩樣主要外銷到日本。

在這之前，日本人基本上是沒見過蔗糖的，因爲太冷了種不出甘蔗；我們可以想像當荷蘭人把臺灣蔗糖帶到日本之後，日本人吃到第一口糖那副快升天的表情，此後日本人做甜點就拚了命加糖，日本的羊羹、紅豆餅都是甜到連螞蟻都怕得糖尿病的程度。鹿皮一年可以賣十幾萬張到日本，話說要那麼多鹿皮幹嘛？原來當時處於日本戰國時期，連年征戰，需要大量武士鎧甲；而鹿皮就是拿去當鎧甲外套的「陣羽織」之用。你打仗就打仗，搞不好一出馬就被秒殺了，穿在身上的東西做那麼漂亮幹啥呢。阿本仔還我鹿~[32]

西班牙人晚了荷蘭人兩年來臺，以基隆爲基地，勢力範圍爲北臺灣。在同一時間，西班牙人和荷蘭人位於歐洲的故鄉兩國也正在互打，史稱「八十年戰爭」，兩國繞了半個地球，居然又在同一塊島嶼上狹路相逢，於是在臺灣加

32：模仿抗議天王柯賜海的經典口號：「馬英九還我牛。」

演八十年戰爭番外篇。一六四二年西班牙被荷蘭人趕跑，投降離開臺灣。

荷蘭人在臺灣經營的時間其實並不久，只有三十八年，不過在臺灣也留下不少東西。首先，由於原住民沒有發展出文字，荷蘭人、西班牙人統治的這段「荷西時期」是臺灣第一次有會寫字的人長住下來，爲臺灣做了較長久、有規模的紀錄，使臺灣從史前時代進入歷史時代，至今還有許多當時的紀錄在荷蘭保存著。第二是在這之前原住民並沒有發展出統治全臺的政權，雖然早先中部有原住民的部落聯盟「大肚王國」，但其實質統治型態還有爭議；荷蘭人所建立的政權，是臺灣史上首次出現政府型態的統治組織。

荷蘭人除了把可愛的黃牛引入臺灣（水牛是漢人從中國帶來的），也引進土芒果、豌豆等農產品，豐富了臺灣人的味覺。今日在嘉義、臺南、高雄一帶，仍有番茄切塊沾薑末醬油膏吃，還有芒果青沾蒜蓉醬油膏的吃法。這種點心有可能是在臺灣歷史上，由本土研發出來的最早菜色。番茄和芒果都是從外國傳入的，臺灣人一開始吃到這種水果，或許不習慣它特有的腥味，於是嘗試用漢人傳統去腥的薑末、蒜蓉混著吃，味道居然不錯，這一流傳就流傳至今，現在南部的水果攤都還吃得到這樣的組合。奇特的是，番茄沾蒜蓉醬、芒果青沾薑末醬，味道就不對，絕對不能搞混，古人可不是亂配的。

除了帶進有形的外來物種，荷蘭人還開設了學校，教育平埔族人學寫字——當時荷蘭傳教士在臺南學習西拉雅族新港社的語言，以新港語在當地傳教，並將羅馬拼音傳授給西拉雅族。有趣的是，到一六六二年荷蘭人離開後，這種拼音文字還繼續在平埔族之間使用，原住民終於有文字啦!!（放鞭炮！）

三百年前原住民就會寫洋文超潮的

這種文字由於大多流行在臺南「新港社」，因此我們稱之爲「新港文」，這種文書就叫「新港文書」。今日我們能親眼看到的新港文書，大部分是與漢人買賣土地的契約，一半寫漢字，一半寫新港文，至今留存約一百五十件左右，是研究平埔族語非常重要的文獻。清朝的《臺灣府志》就記載，有些平埔族會寫「紅毛字」，需要記帳寫字時，鵝毛筆一拔出來，往筒子裡沾點墨汁，刷刷刷就寫出一排排流利的書寫體，寫完鵝毛筆還可以插在頭上僞裝成自己的頭髮（誰頭上會長鵝毛啦），眞的是飄撇颯爽天下無雙啊!!

這種新港文書，留存在臺灣民間，隨著平埔族漸漸被漢化，也漸漸成爲沒有人讀得懂的「有字天書」。在這裡要先解釋一下什麼是「漢化」，不是上網看日本動漫有人幫你翻譯字幕那種漢化，而是平埔族原住民在時間遞嬗中逐漸成爲漢人的過程。

臺灣從荷西時期開始往後幾百年，漢人大量來臺，人數逐漸壓倒原本就住在平地和丘陵的平埔族，當平埔族被漢人包圍住，平埔族爲了買賣做生意和跟人搜杅[33]，必須要學會講漢語（閩南語或客家話），如此傳一代兩代三代，平埔族的子孫也遺忘族語要怎麼說，這語言就宣告死亡。加上平埔族代代與漢人通婚，一代兩代三代混血下去，子孫也長得越來越不像祖先（像隔壁老王）。最後當平埔族也改漢姓，編族譜自稱是炎黃子孫，也跟著漢人一起罵其他原住民是「番仔」時，這個族群就等於在地球上消失了，這就是「漢化」的過程。

現在出土的新港文書，最年輕的是清朝前期寫的，再往後就沒有了；可以推測到清朝中葉後，有些平埔族語已經消失，或者平埔族也已經識得漢字，

33：social，社交。

沒有必要另外寫新港文版本。現在連一般人也不知道這些新港文書是什麼，據說曾有阿伯對到鄉間做調查的學者說：「少年仔，你們要找這種地契是不是？這我家好幾張，上面都是英文，我兒子讀英文系的，也都看不懂！」

因此，新港文書除了本身史料價值之外，也是語言研究的重要文獻。第一，它雖然不是錄音機，卻可以重現數百年前的聲音。爲什麼這麼神奇？因爲新港文是用全世界最通行的羅馬拼音拼出來的，文字本身就是拼音。那有人可能會質疑，光有聲音，你不知道意思也沒用啊！剛剛講過，現在留存的新港文書很多是地契，有些地契一式兩份——一半寫漢字、一半寫新港文，兩邊的文字內容一定是一樣的，所以我們不知道意思的新港文，它的意思其實是在另半邊的漢字，成爲我們現在破譯新港文的工具。當然，由於這語言失傳甚久，新港文書也留存不多，我們今天對新港語還沒有辦法完全掌握。

回到歷史這條主線。我們說荷蘭人統治臺灣，其實並不是荷蘭國王下令傾全國之力來統治這塊小島，眞正在臺灣進行統治的是荷屬「聯合東印度公司」而已。這家超級大跨國企業，擁有荷蘭國會給予的特權，在海外行使極大的權力，例如作戰、訂條約、司法、殖民、發行貨幣等等，基本上等於荷蘭國家勢力的延伸。所以聯合東印度公司可以爲了捍衛荷蘭的摳摳[34]跟其他國家宣戰，但萬一闖下禍來，荷蘭又可以否認跟這家公司有關；就好像湯姆克魯斯幫美國政府執行任務，但任務失敗的話，美國政府會否認其存在一樣。[35]

不過它畢竟只是一家公司，總部在印尼又不在臺灣，臺灣只是它的據點，所以其實在臺灣的荷蘭人並不多，都在四五千人之內，以這麼少的人數能夠統治全臺灣，憑藉的就是它的武力壓制和政治手段。在荷蘭人嚴厲統治和沉重稅金的壓力下，臺灣也曾經起來反抗，郭懷一就曾率領農民「竹篙鬥菜刀」[36]跟荷蘭人決一死戰，但荷蘭人用火槍加上買通平埔族協助，郭懷一最後依舊失敗。

臺灣的土農民以衆敵寡還打不過荷蘭人，這簡直跟臺灣肥宅[37]在夜店把妹把不過歪果人一樣令人氣憤。還好我們今天衆所皆知的，荷蘭人的剋星，國姓爺鄭成功，海上最強美男子，終於姍姍來遲了。

34：錢的暱稱。

35：電影《不可能的任務》情節。

36：臺灣諺語。沒有正規武器，找好把菜刀綁在竹竿上當作長槍，指武器簡陋。

37：肥胖的宅男。

話題又兜回鄭芝龍身上

如同要談《倚天屠龍記》的主角張無忌，要先從他爸爸張翠山談起；要談鄭成功，也要從鄭成功的老爸身上說起。鄭成功的老爸何許人也？這裡絕不是要玩他老爸叫做鄭把拔這種爛哏，他老爸前面已經登場過了，原來是熟面孔來著，乃七海獨霸怒濤鐵漢鄭芝龍是也。

話說顏思齊、鄭芝龍率衆開墾雲嘉南後，顏思齊某日病死（請節哀，人都有這一天），海上勢力全被鄭芝龍接收，此後再也沒有人能阻擋他的霸業。鄭芝龍，大明國福建人，精通閩南語、葡萄牙語、日語，原爲明朝最大勢力海盜暨海商李旦的部下。這個李旦橫行於日本、明帝國、臺灣、東南亞之間，根本是地上的歸大明天子管，海上的全歸李旦管那種感覺，是以被外國人尊稱爲「Captain China」（中國船長）。話說復仇者聯盟中的「美國隊長」[38]叫做「Captain America」，那李旦這個「Captain China」把他翻譯爲「中國隊長」好像也可以；不過當時漢字是翻譯成「中國甲必丹」。現在是怎樣古人的外號都在比威的就是了。

38：《復仇者聯盟》《美國隊長》都是美國的超級英雄題材漫畫，近年改編成系列電影。

一六二五年李旦過世後，海上勢力全被鄭芝龍接收，此後再也沒有人能阻擋他的霸業……什麼？這段話剛剛講過？我看看……（回頭看上一段）眞的耶！不是我懶得安排新情節，是鄭芝龍與李旦、顏思齊的互動眞的太相似了，更準確地講，是李旦和顏思齊的生平事蹟太像了！所以也曾有人懷疑，顏思齊和李旦根本是同一個人，李旦只是顏思齊的化名；就像張惠妹爲什麼這麼像阿密特、Hebe爲什麼這麼像田馥甄、黎明爲什麼這麼像斷水流大師兄[39]一樣，因爲都是同一人啊！（最後一個明明不是好不好！）

總之，鄭芝龍接受了前人的遺愛，成爲東南亞最大的海商兼海盜。有一個故事說明鄭芝龍是如何脫穎而出，擊敗衆弟兄頂了顏思齊的位子：據說是大家決定用擲筊的方式決定繼承人，而且還是用碗擲筊，碗落地破掉就失去資格。海盜衆弟兄們一一擲筊，不是打破碗，就是擲不到「聖杯」。輪到鄭芝龍時，他跪下向顏思齊祈禱：「大哥，如果我接任您的位置，我一定做好、做滿。」就用碗連擲了三十個聖杯，也就是十億分之一的機率，讓他成爲大贏家。

鄭芝龍的氣勢正旺時，當時已經統治臺灣的荷蘭人看到他要退三步，連大明帝國聽到「鄭芝龍」三個字，也要讓他三分（平均一個字讓一分）。大明

39：周星馳電影《破壞之王》中的最後反派，長得像黎明。

朝自知打不下這支海上無敵艦隊，便招撫他當官，明朝希望鄭芝龍生意可以照做，海盜萬不可當，彼此給個臺階下；這種做法基本上跟國小老師指定班上的胖虎[40]當風紀股長如出一轍。於是鄭芝龍洗白成功，終於當選議員[41]……我是說終於當了大明朝的官，翹腳撚鬍鬚、躺著賺銀子，過著安享晚年幸福快樂的日子，才怪。

此時的鄭芝龍，還無法預料自己的下場。

如果他生於太平盛世（這是不可能的，他自己都當海賊王了，還太平盛世咧），或許這一當官就一路當到死，榮華富貴福壽名譽都有了，說不準含笑九泉後還會忍不住笑醒。可偏偏他生錯了時代——生在大明朝氣數已盡的這個時候。

明朝亡於龜派氣功[42]之下

是的，氣數已盡。羅馬不是一天造成的，當然也不是一天可以毀滅的。

40：漫畫《哆啦A夢》中的孩子王，舊版翻譯為「技安」。

41：臺灣有些黑道會用選議員的方式洗白。

42：出自漫畫《七龍珠》。

一個王朝的頹敗絕對不會是某個人或單一事件的影響，必然是多樣的原因、複雜的糾葛，引起連鎖反應才崩壞到不可收拾的地步。明朝從中後期開始，姓朱的這一家皇族一代一代在比誰怪。有長達三十年沒讓大臣見過的（明神宗）、有在位二十九天就嗑藥嗑死的（明光宗），還有愛當木匠不當皇上的（明熹宗）……除了皇上本身怪胎輩出，內政上宦官黨爭也沒偷斤減兩過。除了人禍，天災也不少，水災、旱災、蝗災、瘟疫這些基本款當然是標準配備，因此導致活不下去的百姓起義革命；甚至倒數第二個皇帝明熹宗在位時，還發生史上最離奇天災「天啓大爆炸」。這件事情非常精采而不可解，請大家務必去google一下，我在這裡只講簡單經過：一六二六年五月三十日早上，北京城天際突然有破空聲從東北往西南劃過，大家抬頭一望，晴空朗朗根本沒東西。正納悶呢，瞬間北京城西南邊發生超大爆炸，爆炸中心冒出蕈狀雲，直徑一公里半內夷爲平地；兩萬餘人死亡，斷肢殘骸飛上雲霄，化做血肉之雨下了兩個小時。更奇怪的是，爆炸中心低溫無火，並沒有引起火災，反而是巨大的衝擊波把原本附近的火源吹熄了。此事距今不過幾百年，當時也有許多報紙與作家詳細記錄，然而原因至今不明。

保守的論點是地震說，這說法超遜！另一個說法是明朝的火藥庫爆炸，但最好三百多年前的火藥庫爆炸會有核子武器等級的毀滅啦。我個人比較喜歡的說法是火藥庫說法的進階版：明朝火藥庫研發核子武器失敗，超酷的！當然也有人把事發前的破空聲考慮進去，提出隕石說（無聊）、飛碟失事說（有點意思了）。不過再考慮到爆炸中心低溫無火的話，我個人的設想是：悟空變成超級賽亞人，在空中向北京城發出龜派氣功。這假設根本天衣無縫。

不好意思扯遠了，回到明朝氣數已盡這件事。除了國內天災人禍不斷，還有國外的異族們，有實力的虎視眈眈（比如女真）、沒實力的打了就跑這樣他也好（比如日本），諸君看了以上這一大拖拉庫的內憂外患天災人禍，相信會同意當上明末的皇帝，應該是古往今來第二屎的工作吧（第一屎的工作是中華民國總統）。

因此，明朝必須死。不斷的災難引來飢餓，飢餓引來混亂，混亂導致無法工作，無法工作又引起飢餓，在這種無可挽回的崩壞中，人民選擇砍掉重練。最後，起義的人民攻破北京城，崇禎皇帝跑到山裡上吊自殺，結束了他與明朝的一生。

明朝結束之後，北方的女眞人立馬手刀狂奔而來[43]，建立起清朝。剛剛不是說崇禎皇帝帶著明朝一起結束了嗎？可是有許多忠於大明朝的臣民不願意故事就這樣結束，帶著流著朱氏血液的王爺們邊退邊打，期待有一日能夠把女眞人踢回北方萬里長城外，並擁立朱氏血脈的王爺稱皇，復興大明朝。這就是武俠小說裡常出現的四個字，「悅來客棧」[44]，喔不對，「反清復明」。

就在這個朝代替換的風口浪尖，不同的人也做了不同的抉擇。明朝的官員鄭芝龍投靠了清朝，打算繼續過著無災無難到公卿的下半生；可是他有一個小犬不聽話，不但不跟隨父親面對清朝皇帝就膝蓋一軟，反而還誓死抵抗清朝到底。這個小犬就是鄭成功，他的反清復明大業，反而開啓了臺灣歷史的新一章。

43：指雙手五指伸直合併，以手刀方式快速奔跑。

44：武俠小說裡的常見客棧名。

來不及講的故事，請搜尋關鍵字：

一四二一：中國發現世界／大肚王國／荷蘭東印度公司／濱田彌兵衛／熱蘭遮城日記／福爾摩沙變形記

第3章 建國燈塔復興舵手 反攻希望民族英雄鄭成功

我查證過了，很清楚，鄭成功是型男[45]

那邊有看官舉手問了，我說鄭成功是海上最強美男子，可有根據？那位女性朋友請將手放下，順便把嘴邊的口水擦乾。鄭成功是有畫像傳世的，而且這畫像據說不是後世畫家憑空想像，眞的是鄭成功在臺南聘請畫家繪製，傳到他堂兄弟手裡，一路傳下來傳了兩百多年，到日治時期，鄭家把畫送給日本人帶回日本，後來又送回臺灣，當時的臺灣總督將這幅畫視爲國寶，輾轉送到臺灣總督府博物館，今日由國立臺灣博物館保存。

從畫像來看，鄭成功面清目秀，留著短短鬍子，如果這樣還不算美男子，諸君可以去看看朱元璋的畫像再回頭看鄭成功的，你就會覺得鄭成功根本就是金城武。說到金城武，過去曾有傳聞說好萊塢想拍一部有關鄭成功的片子，（神鬼奇航系列嗎？）就是鎖定金城武飾演鄭成功。雖然金城武經紀人澄清絕無此事，不過想像一下，鄭成功是中日混血，會說日語和閩南語，這些條件都和金城武一致，感覺上金城武的確留個小鬍子就可以cosplay[46]鄭成功了。

上一節我們談過鄭成功的把拔鄭芝龍了。鄭芝龍是橫跨國際的武裝海商

45：模仿邱毅在中國節目指稱二〇一四年太陽花運動時，放在立法院的向日葵是香蕉，而且語氣非常篤定。

46：原意為裝扮為動漫角色人物的行為。

國姓爺合戰
鄭成功
鄭成功：「今早，我又被自己帥醒了，真煩。等一下再來反個清好了。」

集團（這是學名，俗稱海盜），在日本也有據點，便娶了櫻花妹當老婆。這位櫻花妹據說叫做田川松（正史上完全沒有她的名字，「松」這個名字是當地流傳的）。有一天鄭芝龍這位飄撇的行船人又出海了，田川氏到海灘一邊唱〈聽海〉一邊撿貝殼，驀然啾的一聲就開五指生下個胖寶寶，那塊她靠著當待產床的石頭，也成爲日本長崎平戶當地的名勝，叫做「兒誕石」。當地也有鄭成功幼年故居遺址、鄭成功廟，甚至當地舉辦一些活動還會有人扮演鄭成功出來逛大街，眞酷。

是時候交代鄭芝龍的結局了。明朝滅亡後，本來披著官服繼續幹海盜的鄭芝龍突然變成前朝官員，他便開始頭痛了：到底要回家種田以示忠心大明朝，或是繼續安安穩穩當官，也就是「退出政壇」與「做好做滿」的抉擇。基本上他能夠混到成爲海上霸者，黑白兩道都吃得開，絕非蠢蛋一顆，必是洞燭機先的小孔明；所以當清兵打到福建時，他就馬上投降了。但是鄭成功從小就被他老爹帶到福建讀書，忠孝仁義的性格已經充滿他的胸懷，是打死不降清的；清朝一看，唉呀好小子你不聽爸爸的話是吧，不由分說先把鄭芝龍押到北京城好好伺候再說。不久後清兵攻破鄭成功福建老家，玷汙了鄭成功的母親田川氏致死（也有人說田川氏因怕被玷汙而自殺，但鄭成功接下來的舉動讓我傾向相信前者），鄭成功做了一件現代人聽了會很矮油[47]的事情（說不定古人聽了也很矮油），他把母親的屍身剖開，清洗內臟之後再下葬。嗯，這個情節安排獵奇到我不知道該做什麼反應，只好也說矮油矮油。

經歷了這樣的事情，是人都不可能饒過滿清，國仇家恨一起來，注定了鄭成功要化身為地獄來的復仇鬼。

每次看到平均身高一八四的荷蘭人我就很佩服鄭成功

在這裡要特別說明一下，我們在讀這段臺灣史的時候，常常會以為：「一六二四年荷蘭人來臺灣，中間過程省略，直接跳到一六六二年鄭成功來臺，荷蘭人撤退。」彷彿一六六二年這一年濃縮了所有事情的經過：明朝滅亡、鄭成功來臺、鄭成功趕跑荷蘭人。事實上鄭成功抗清是很漫長的不歸路，絕不是短短幾年內把進度趕完的。我在這裡還原這些大事的發生年代：

47：看到血腥噁心的事物會發出的感嘆詞。

一六二四年，荷蘭人統治臺灣。鄭成功出生，本名鄭森。

一六四四年，滿人入關（就是著名的吳三桂開山海關），明朝滅亡。

一六四五年，鄭芝龍在福建擁立唐王，期待日後反清復明成功後，唐王朱聿鍵能當明朝皇帝。順帶一提，就是唐王朱聿鍵讚賞相貌堂堂的鄭成功，把皇帝的「朱」姓賜給他，並爲他取名爲「成功」。（可惡，人帥眞好！）

一六四六年，鄭芝龍投降。

一六四七年，鄭成功的母親死亡。鄭成功正式誓師抗清。這一年他二十三歲。

一六五二年，荷蘭統治下的臺灣發生郭懷一事件。

一六六一年，鄭成功率領軍隊進攻臺灣。

一六六二年，荷蘭人開城投降，正式退出臺灣。

原來在一六六二年荷蘭人離開之前，鄭成功已經在大陸反清復明了十五年；明朝滅亡、鄭成功抗清、鄭成功來臺和荷蘭人離開並不是在一瞬間完成的。

隔著海峽在臺灣認眞做生意的荷蘭人，關不關心在中國的巨變呢？老實講中國改朝換代這些事情，都是在遠得要命王國裡發生的，除非影響生意，否則荷蘭佬完全不必擔心。但是當鄭成功節節敗退，退到離臺灣只需幾天船程的福建時，荷蘭人不免要擔心：當這些流亡軍隊連福建都守不住時，會不會跑來臺灣借蹲一下？

荷蘭佬對這件事是相當敏感的，所以當鄭成功在大陸抗清的同時，臺灣剛好發生郭懷一事件，荷蘭人便懷疑是鄭成功暗中搞的鬼。雖然沒有證據能證明郭懷一事件是鄭成功唆使的，但荷蘭人是這麼有國際觀和商業遠見的人，看事情通常不會失誤到哪裡去。郭懷一或許眞的與鄭家無關，但鄭成功恐怕攻臺的預言，果然成眞了。

其實鄭成功決定來臺灣，也是經過一番內心戲的。退到臺灣，差不多就等於棄守整個大陸了，那是最萬不得已的一著。此時，一個名叫何斌的漢人連絡上鄭成功，改變了鄭成功的命運，也改變了臺灣的命運。如果是古龍的筆法，這時候會下一個注解：「這世上很多重大的轉折，往往都是小人物的一個決定而產生的。」

一句話改變全臺灣這種事是可能發生的

何斌原本是鄭芝龍部下，後來留在臺灣替荷蘭人做事，專做收收稅啦、跟鄭成功談判等工作。但是後來何斌被爆出是臥底，在臺灣私下替鄭成功徵收關稅，荷蘭人便將他囚禁處罰。何斌找機會逃出臺灣，帶著鹿耳門水道圖以及荷蘭兵力布署資料投靠鄭成功。何斌在鄭成功面前把臺灣有多富裕講得天花亂墜，講到鄭成功都覺得此生不到臺灣一趟都枉生爲人了，因此決定攻臺。

在鄭成功正式攻打臺灣之前，就下令他當時勢力所及的中國南方省分，不准將貨物賣到臺灣，斷絕中國與臺島荷蘭人之間的交易。這一招讓荷蘭東印度公司很頭痛，因爲多年來的貿易，已讓荷蘭東印度公司發展出一套SOP：由於中國的黃金多用來當飾品，銀子拿來當貨幣，所以黃金相對比其他國家便宜，荷蘭人便藉由與中國貿易賺到黃金，黃金再拿去與其他國家換布和香料。可是鄭成功嚴格執行禁運令，而且還眞的砍了違規船員的手以示決心，讓荷蘭人無法繼續從中國取得黃金，整個交易網絡就跟吃了太多芭樂之後去蹲馬桶一樣不順。沒有錢可賺，又擔心鄭成功可能會打過來，在臺漢人就紛紛收拾行李

回中國老家去了，

因爲鄭成功即將武力犯臺的傳言已經流傳了快十年（原來鄭成功是武力犯臺的始祖），荷蘭人終於忍不住派使者直接去問，乁你到底會不會打臺灣啊，會打的話先說一下嘿。鄭成功還露出誠懇的笑容答覆說，我人生的志向是收復大陸這塊廣大的疆土，小小鼻屎大的臺灣我還沒看在眼裡。荷蘭人又問說，那你在中國東南沿海一直加強軍力是在幹嘛，鄭成功說那個不是針對臺灣的啦[48]……啊不好意思我把習近平和鄭成功的言論搞混了。總之荷蘭使者聞言就很安心地回去覆命，完全不知道這是鄭成功跟賭神高進學的心理戰「遇強即屈，借花獻佛」[49]來著。

前文已經提過，如果抓住季風特性的話，駕著帆船在各國間鑽來鑽去其實沒那麼難，這裡有一個明顯的例子：荷蘭人會趁臺灣冬天吹東北季風的時候，從臺灣出發，一路被風吹到位於現在印尼雅加達的總公司；夏天開始吹西南季風時，又可以搭順風船從印尼到臺灣。鄭成功就算準了這個特性，趁著春夏交替時進攻，你荷蘭人很難逆風跑到雅加達討救兵——你儘管叫啊，你叫破喉嚨都不會有人來幫你的。於是他先在金門駐軍準備，一六六一年春天，開了

48：二〇一五年馬習會上，中國領導人習近平被問及中國東南沿海對臺飛彈的問題，他回答那些飛彈不是針對臺灣的。

49：這一招出自電影《賭神3》最後的絕招。

四百多艘船，載著三萬五千人浩浩蕩蕩的往臺灣來了。

在這裡有一個小插曲，我當年在金門當兵的時候，聽一位金門人說他們對鄭成功並沒有太多好感，至少好感度沒有臺灣人那麼高。我問何故，他說因爲當年鄭成功的軍隊在這裡製造戰船，把金門的樹都砍光了，所以金門有好長一段時間是沒有樹的。我指著金門太武山上的樹林說，啊那不是樹不然是花椰菜嗎？他說那個樹是國軍在戰後才種的。後來我問戰後初期曾在金門當兵的外公，他也說當兵生涯就是一直在種樹。我說我才慘咧，我當兵一直在割草。糟糕我是不是洩漏國防機密了？

鄭先生請你不要再亂開口了，會擾亂自然生態的

國軍忙著種樹割草不是國防機密，當初何斌帶著的鹿耳門水道圖才是。原本荷蘭人對鹿耳門水道已經廢棄不用了，因爲此道泥沙淤積，船隻來一隻卡一隻，來兩隻卡一雙，根本沒法走。然而何斌注意到有些水道還能行船，若搭

配上漲潮更加順暢。

鄭成功的船在臺灣海峽揚帆而來的時候，還順便發生了一則小故事：船上的主廚抱怨沒菜下鍋，鄭成功下令士兵去捕魚，捕了老半天除了撈到破皮鞋和酒瓶沒有別的（漫畫不都是這樣畫的嗎），士兵跑去回報鄭成功說這裡沒有魚，鄭成功虎軀一震，桌子一拍，斷喝一聲：「莫說無！」士兵知道這個老闆生氣起來動不動就砍手砍腳殺你全家的，連滾帶爬連忙又跑去捕魚，可能是連魚都被鄭成功的霸氣嚇得不敢不被撈到，這下子眞的有魚落網了。

廚師一看這魚，銀光閃閃，線條優美，在大陸可沒看過，便問捕魚的士兵「What's this？維—大—力？」[50]阿兵哥說：「我嘛毋知，咱頭仔講『麻虱目』。」廚師又問：「Is it good to drink？」[51]阿兵哥說：「你煮看覓就知嘛！」一煮之下，肉質鮮美，魚湯清甜，從此之後這種叫做「麻虱目」的魚兒聲名遠播，傳到近代因爲人的嘴巴懶了，簡稱爲「虱目魚」。

從閩南語的「莫說無」誤會成有魚叫做「麻虱目」，可以窺見臺灣民間的豐富想像力。但因爲現代人只知「虱目魚」之簡稱，這段傳說又流傳成其他版本，說鄭成功講的是「煞無魚！」（哪會沒有魚！）又有說是「這是什麼

50：維大力飲料的電視廣告，一位黑人向蔡振南問杯裡的飲料是啥的臺詞。

51：依舊是維大力廣告的臺詞。

魚？」士兵便誤會他說「這是虱目魚」，這是現代人又以訛傳訛了，從早期文獻可以知道古早臺灣都是叫牠「麻虱目」或「目虱目」的，因此「莫說無」才是這個傳說的最早起源。也因為有這段傳說，虱目魚又被稱為「國姓魚」。

喝過虱目魚湯，鄭家艦隊晃著晃著趁著濃霧微曙抵達臺灣，等到日頭曬屁屁，晨霧散去之時，熱蘭遮城的守軍才赫然發現港內已經戰艦密布、旌旗蔽日，嚇得屁滾尿流，高喊：Oh my Golly喔！這國姓爺是瞬間移動過來的嗎？

沒錯，荷蘭人也叫鄭成功「國姓爺」。先前提過由於鄭成功被賜姓皇帝的「朱」姓，因此民間百姓尊稱他「國姓爺」，荷蘭人不明其意，想說反正就是個名字，所以也跟著叫「Koxinga」。漢人一直以來會將敵軍戴上「匪」「寇」的帽子，荷蘭人對敵軍首領卻還傻傻的尊稱為「爺」，難怪最後你會打輸。（這不算劇透[52]吧？）

鄭家戰船突然出現在港內，不僅是荷蘭人以為發生超自然現象，鄭成功自己也裝神弄鬼，跪拜在船頭向上天禱告說：「萬能的天神，請賜給我神奇的力量[53]～拜託老天爺使潮水上漲，讓我的艦隊直搗黃龍啊啊啊啊!!」因為漲潮時間早就算好了，他喊完後，果不其然海水果然漲潮了，這種跟走到自動門面

52：「劇透」就是「透露後面的劇情」。看小說或電影時最恨別人劇透。

53：懂這哏的人都有點年紀了，這是八〇年代的卡通《太空超人》臺詞。

前喊芝麻開門一樣是很有事的行爲，讓鄭軍以爲老闆忠肝義膽當眞感動上蒼，一個個士氣大振，跟剛嗑了三斤金坷垃[54]一樣猛，連掃廁所的老兵都揚言我要打十個。鄭軍艦隊從荷蘭人原本以爲淤積的河道侵入，跟走迷宮一樣在彎彎曲曲的鹿耳門水道拐進臺江內海，在今日的臺南永康洲仔尾登陸。荷軍倉促應戰，被殺得措手不及，普羅民遮城，也就是今日的赤崁樓，就被打下來了。

李連杰在電影《投名狀》說過：「兵不厭詐，這是戰爭！」

荷蘭人建造的兩個城堡，在海口的叫熱蘭遮城，在內陸的（其實還是在海邊啦，只是這樣講比較好想像）是剛剛已經被攻陷的普羅民遮城。這兩座城，之所以先打普羅民遮城，並不是投硬幣猜正反一樣隨機，這是有神機妙算的。鄭成功的想法是：

一、從西邊大海過來，會先遇到在外面的熱蘭遮城，因此荷軍根本想不

54：中國出產的肥料。其廣告將功能誇大到極致。

到我鄭軍會跳過這裡直取普羅民遮城。電影《投名狀》說過，兵不厭詐，這是戰爭！我老鄭不先打普羅民遮城才真的傻了。

二、正因爲荷軍認爲熱蘭遮城是顧門口的，所以兵力較集中。普羅民遮城兵力少到我半夜都會笑醒，我打你是應該，不打你就悲哀。[55]

三、普羅民遮城是荷軍的糧倉所在，打下普羅民遮城，底下阿兵哥就有伙食可以辦了，反觀熱蘭遮城的荷蘭人只能眼巴巴看我們吃飯……等一下派士兵去熱蘭遮城門口烤肉好了，呵呵我真的好賤啊。

四、拿下普羅民遮城，熱蘭遮城變做孤城，前是汪洋，後是鄭軍，投海或投降，你看著辦吧。

普羅民遮城五天內被攻下，荷蘭人只好堅守熱蘭遮城。鄭成功要荷蘭守將揆一投降，這揆一也稱得上有骨氣，幾千士兵面對鄭家兩三萬大軍，硬是不降。鄭成功研判反正現在吹西南季風，你荷軍也無法逆風跑到印尼總部求援，那我們就耗著吧。But！人生最可怕的就是這個But！鄭成功雖然是七海獨霸怒濤鐵漢鄭芝龍的兒子，一生在海上闖蕩的他這次居然看走眼了：荷蘭人可以

55：「我打你是應該，不打你就悲哀」是周星馳電影《少林足球》的著名臺詞。

繞了半個地球跑到臺灣來，航行路線繞過非洲穿過印度洋經過馬來西亞印尼來到臺灣整整三萬公里遠，航海技術不是戇人想的那麼簡單；是的，荷蘭人的求援快艇居然還是死撐活撐抵達印尼雅加達，荷蘭人的支援大軍終於轟轟烈烈地到來了!!

七百人。

等一等等一等，七、七百人？有沒有少看一個還是兩個零？不好意思沒有，就七百人。

揆一傻眼：「……讓我ㄕˇ了吧。」（「ㄕˇ」，表示比「死」還嚴重的講法。）

荷西時期臺灣沒有IKEA但有瑞典人

其實並不是荷蘭東印度公司沒兵，主要是總公司認爲臺灣的經濟效益已經大不如前，以前臺灣被譽爲「東印度公司的好乳牛」，現在這頭乳牛已經擠不出乳水了（其實就是鄭成功前幾年限制大陸與臺灣通商害的），今天還要派大軍與鄭成功發生衝突，總公司在商言商，認爲這生意划不來，乾脆退出。於是荷蘭人同意投降，結束了九個多月的圍城，也結束荷蘭人在臺三十八年的統治。

有讀者問了，「荷蘭守將揆一」的「揆一」是什麼？揆一不是什麼，他是個瑞典人，名叫 Frederick Coyett，翻譯爲「揆一」，我知道這名字聽起來有點怪，因爲那跟我們常聽的英文名字不一樣，人家是瑞典名字所以我們會覺得怪怪的，就像ＩＫＥＡ這家瑞典家具行大家也都亂念啊，有人念ＩＫＥＡ，也有人讀成ＩＫＥＡ，我個人是都講ＩＫＥＡ啦[56]。還有ＩＫＥＡ裡面的商品如 Köttbullar（牛肉丸）、Antilop（嬰兒椅）一樣，我們讀起來也是怪怪的啊。

揆一雖是瑞典人，卻在荷蘭東印度公司工作，成爲荷西時期最後一任臺灣長官。他投降後回雅加達總部，荷蘭居然要他爲失守臺灣負責，揆一才知道自己被陰了，成爲代罪羔羊。揆一心想：恁爸死守孤城九個月，等你派援軍來解救，結果公司根本把我放生，現在居然還怪我把臺灣丟了？一怒之下，

56：鄉民常玩的拼音文字哏。

他寫了一篇匿名黑特爆卦文[57]，這篇爆卦文是一本書，中文譯名《被遺誤的臺灣》，大爆荷蘭東印度公司的料，成為研究鄭荷大戰的重要文獻。揆一原本被判死刑，後轉無期徒刑，流放在一個小島，後來被家屬贖回，從此不再過問荷蘭東印度公司之事。揆一也算有情有義，據說死前交代子孫有機會要向國姓爺或其後人感謝不殺之恩，揆一的「祖訓」傳了三百多年，二〇〇六年，揆一的第十四代子孫一家終於來臺，親自到臺南延平郡王祠祭拜鄭成功。此是閒話，按下不表。（其實本書全都是閒話啊！）

荷蘭人走了，鄭成功可沒閒著，天將降大任於斯人也，必先苦其心志，勞其筋骨。英雄有很多事情要忙的。我敢說，這一年的鄭成功應該是世界上最忙的人了，簡直比牛仔還忙[58]。因為現在時間是一六六二年二月，鄭成功六月就要死了，在統領臺灣到死前的四個月內，他還要全臺走透透並且大量製造民間故事，你說能不忙嗎？目前臺灣民間故事中，真有其人而且衍生故事最多的，照歷史順序排列，就是鄭成功、嘉慶君、廖添丁。

57：PTT有個Hate（黑特）版，專門讓網友發文發洩不滿之事。「爆卦」就是爆料八卦。

58：〈牛仔很忙〉是周杰倫的歌。

乾脆這整本書都來寫鄭成功傳說好了，比較輕鬆

鄭成功的傳說故事一抓就是一大把，好比傳說鄭成功打退荷蘭人當天，晚上大家呼呼大睡，絲毫不知荷蘭人是假意投降，其實埋伏著準備夜襲。你道荷蘭人為什麼半夜不睡覺出來假扮王祖賢[59]……我是說出來夜襲？因為荷蘭人的故鄉在荷蘭（廢話），在地球的另一端，我們臺灣晚上的時候荷蘭是大白天，所以他們的生理時鐘有時差，晚上反而精神奕奕，適合發動夜襲，這樣的理由應該夠科學吧。荷蘭人已經集結完畢，就等發一聲喊就要衝進敵營來個絕地反攻。此時萬籟俱寂，烏雲蔽月，天地無光，當眞是神不知鬼不覺；然而偏偏這時就有野生的可愛小動物出來吃宵夜，荷軍的一舉一動都看在牠眼裡——牠是一隻小壁虎。

說他小，是形容牠的可愛，其實牠的眞實身分是一位壁虎王。這壁虎王看到鄭成功就要死於亂刀之下，深知臺灣島歸於鄭家乃是天命，便連忙召集全臺灣壁虎過來臺南。然而時間實在緊迫，只有三分鐘，匆促中只調集到濁水溪以南的壁虎到來（也跑太快了）。壁虎王打手語示意：我數三下，大家一起叫

59：出自電影《東成西就》。王祖賢扮演的角色在劇中鬼祟行事，被人一再撞見，於是被罵「三更半夜不睡覺出來假扮王祖賢」。

鄭軍起床。於是壁虎王數三下，千萬隻壁虎張開大嘴，卻沒有半點聲音發出，大夥兒才驚覺一件事——壁虎是不會叫的！壁虎王又打手語示意：不行！今天我們一定要叫出聲音，把鄭軍叫醒！於是大夥兒又中氣運足嘴張大，這次終於發出了有如哥吉拉[60]嚎叫般的巨響。

這一幕，連達爾文目睹都要脫帽致敬。壁虎憑著自主意識，從不會叫，在一夜之間進化成會叫的品種。鄭軍突然被叫醒，睡眼惺忪中看到荷蘭人遠遠埋伏，連忙抓起武器抗敵，荷蘭人這下才眞的逃之夭夭駕船夭夭滾回荷蘭夭夭。鄭成功感念壁虎在反清復明大業起了關鍵作用，遂封之爲「鐵甲將軍」。正因爲這一夜只有濁水溪以南的壁虎曾經參與這場生物演化大躍進，此後濁水溪成爲天然界線，以北的票投藍營[61]……說錯了，以北的不會叫，以南的才會叫。讀者若在北部聽過壁虎叫，那是搭高鐵上來的。

總之，鄭成功還沒登陸臺灣就已經發生「國姓魚」傳說，登陸臺灣不久又創造「鐵甲將軍」傳說，難怪上天不讓鄭成功活太久，讓他活久一點的話，臺灣的物種生態不知道會被搞成什麼樣子。在民間故事裡，鄭成功一路北上，非常盡責地執行他「傳說製造機」的任務，比如說走到臺中大甲鐵砧山，因爲

60：日本國寶，電影裡的恐龍怪獸。

61：臺灣有段期間曾長期以濁水溪為界，以南縣市由綠營執政、以北由藍營執政。

軍隊沒水喝，鄭成功拔出寶劍往地上一插，甘泉便如黃河長江之水滔滔不絕，留下「劍井」遺蹟（後來查證原來是插破地下自來水管，鄭成功被水利局提告訴訟）。又好比說走到臺北三峽鶯歌一帶，原有一隻好凶的鸚哥精（鸚鵡精）和一隻好大的鷹精（請注意發音）作怪，鄭成功開砲將兩隻怪鳥打死，鸚哥精化爲鶯歌石，鷹精（再次拜託注意你的發音）化爲鳶山，成爲今日三峽鶯歌的著名景點。

這本書眞的不是鄭成功故事集，讓我再提兩個故事就好

不說什麼突變、妖怪的事，好些有憑有據甚至存留至今的風俗，相傳也跟鄭成功有關。其一是當年鄭成功鎮守金門、廈門，漳州府一直是他的勢力範圍所在，因此也影響最深。某日咱們鄭成功眼看又是春暖花開，即將來到清明掃墓之際，他突然眼皮一跳，感受到一股不祥之兆——「清明？」鄭成功對這個詞越來越反感：「『清』怎麼能壓在『明』之上呢？這種節日，混帳之

至！」於是便下令百姓禁止過清明節。百姓一聽國姓爺發神經啦，清明節不過可以，祖先的墳墓要掃啊，鄭成功便改以農曆三月初三的「上巳」爲掃墓日。於是形成有些漳州人掃墓不在清明節，而是在農曆三月初三的特別風俗。這件事到底是不是鄭成功造成的，我不知道，煩請讀者去延平郡王祠擲筊後通知我，對於這個故事，我只能說：「國姓爺，你好大的官威啊～」[62]

另一個故事是：鄭成功剛到臺灣，決戰荷蘭人之時，第一個要面臨的就是糧食問題。雖然說可以劫收荷蘭人的糧食，但鄭軍的人數是荷人好幾倍，糧食硬是不夠吃，大家過著褲帶勒緊，有一餐沒一餐的日子。不久眼看著端午節快到了，鄭成功想說這天還是得吃點特別的，比較有過節氣氛，可是實在湊不出那麼多糯米來包粽子，因爲糯米都被鄰村買去趕殭屍了[63]，於是國姓爺便將當地找得到的豆類、番薯磨製成漿，加點海邊捕到的蝦、蚵進去一起煎成餅狀，做爲肉粽的替代品。這樣的食物叫做「煎䭔」，這個「䭔」字頗罕見，許多人都打字把它輸入成「食追」或「䭔」，但對一般人來說「煎䭔」「煎食追」「煎䭔」都看不出臺語到底怎麼念；其實如果用現代人較常用的字來寫，應該寫成「煎嗲」，也就是說「煎䭔」的「䭔」，其實就是路邊小吃招牌常寫

62：出自周星馳電影《九品芝麻官》。

63：出自電影《暫時停止呼吸》情節。

「蚵仔嗲」「苦仔嗲」的那個「嗲」。教育部審定的臺語字裡，該字則寫成「炱」。

「煎䭔」並非鄭成功發明的，而是古已有之的做法；但是用煎䭔來取代粽子、端午吃煎䭔這種風俗，在臺南安平一帶就這樣流傳三百年，直到現代才慢慢式微。甚至有人認爲煎䭔就是蚵仔煎的老爸……可惡，我爲什麼要在半夜寫這種會逼死人的美食稿呢？

我想有關鄭成功的民間故事就到這裡打住好了，要一路寫下去，足足可以寫成一本書。

從臺灣頭到臺灣尾都有鄭成功傳說，但是不好意思，大多確認是假的！就歷史紀錄來看，鄭成功根本沒有到過北部來，許多民間故事只能當成是百姓對他感念過度，藉當地風物而附會出來的傳說。鄭成功在趕跑荷蘭人之後，眞正做的事情是設立行政制度、派士兵到各地屯田開墾等。他在臺灣島上只待了短短四個月，就迎接了他的死亡。

中年鄭成功的煩惱[64]

鄭成功既然被後人視爲民族英雄，這個死當然不能是喝茶嗆死或撞豆腐撞死這種輕於鴻毛的死法，要死也要驚世駭俗的死。如果讀者去google，鍵入「鄭成功死因」，跑出來置頂的第一條，並不是維基百科之類的網頁，而是一個對話框，裡面只有斬釘截鐵、毫無懸念的兩個粗黑大字：「瘧疾」。我不知道Google哪來這麼切確的答案，懷疑Google總部其實已經發明時光機，派人回到一六六二年目擊過（以這家公司的科技技術，搞不好是眞的）；其實史書上對鄭成功死因的推測，向來莫衷一是，有狂疾（就是神經ㄆㄧㄤ[65]）、感冒、傷寒、瘧疾、肝病、肺炎等講法，不過臺灣民間的說法，基本上歸納成兩個字，叫做「氣死的」（不好意思那是三個字）。

咦？鄭成功不是如願以償趕走荷蘭人，取得反清復明的基地臺灣了嗎？啊是在氣什麼？其實在這段期間，接二連三不幸的消息傳來，讓鄭成功受到許多打擊。

64：模仿經典名著《少年維持的煩惱》。好啦是「維特」，我知道。

65：「神經病」的客家話。

第一，明朝崇禎皇帝上吊自殺後，明朝事實上已經滅亡了，但是不肯降清的臣民逃到南方，又立了明朝皇帝朱氏的後代爲皇（當然也姓朱），就是那些唐王、福王、桂王之類，期待哪天把滿清人趕回關外，明朝就可以復國了；這段躲在南方苟延殘喘的日子，史稱「南明」。然而南明碩果僅存的最後一個皇帝永曆帝，一六六一年在緬甸被抓，隔年被吳三桂絞殺於雲南昆明。明朝亡了，連復國希望南明也亡了，對鄭成功打擊不小。

第二，鄭成功老爹鄭芝龍降清之後，就被清朝抓來當逼迫鄭成功投降的人質。鄭成功一再拒絕，甚至已經向老爸溫情喊話說：如果你死了我一定會好好祭拜你，《獵人》出完結篇我一定會燒給你。[66] 一六六一年，清朝知道鄭成功心腸比鐵硬，便將鄭芝龍處死。鄭成功雖然與老爸走了不同的路，但畢竟還是自己的老爸，聽聞死訊之時，耳邊不免響起登楞一聲，大慟悲號。

第三，一六六二年，鄭成功本來要求占領菲律賓的西班牙人向他稱臣，想不到西班牙人毫不理會，還屠殺菲律賓華僑。鄭成功聞之暴跳如雷，立誓要把西班牙人從地球表面剷除。

66：漫畫《獵人》，以多次休刊而被鄉民惡搞曰：「待到獵人完結日，家祭毋忘告乃翁。」

難道這一兩年來，都沒發生好事？有的有的，恭喜老爺、賀喜老爺，天大的喜事！就是三十八歲的鄭成功終於當少年阿公了。當時鄭成功的兒子鄭經十九歲，在福建廈門與侍妾生了一個胖娃娃。鄭成功聞之大喜，派人前去祝賀。想不到這胖娃兒不是鄭經的侍妾所生，而是鄭經與他弟弟的奶媽陳氏生的，鄭經怕他老爸知道眞相會行凶殺人，才謊稱是侍妾所生。鄭成功得知後大怒，這不肖子居然跟他弟弟的奶媽私通，奶媽陳氏雖然與鄭家沒有血緣關係，但在倫理上也是母親一輩的，你鄭經等於亂倫。而且又聽說陳氏恃寵而驕，對鄭經的元配唐夫人沒大沒小，老在那邊說些在感情世界裡不被愛的才是小三之類的風涼話[67]；唐夫人乃是官家大小姐出身，哪堪這種諷刺，便向她阿公哭訴，唐阿公寫信給鄭成功，狠狠酸了鄭家一頓：唉呀你連兒子都管不好，怎麼管人民哪？連個家庭都顧不好，怎麼治國哇？

鄭成功乃是脾氣異樣暴躁之人，以現代醫學觀點來看，他應該有心理上的疾病。先前已經講過他對於違規的船員處以砍手之刑，這裡再提一個例子：鄭成功有個部下叫施琅，他們共事時便經常發生摩擦，後來鄭成功有次眞的忍不住，認爲施琅在挑戰中央（中央就是鄭成功），便下令逮捕施琅；施琅僥倖

67：這句話是電視劇《犀利人妻》的名臺詞。

逃脫，鄭成功便殺了施琅的父親和弟弟洩恨。伴君如伴虎哇，鄭成功這個人眞的挺可怕的。後來施琅離臺時用火紅的雙眼瞪著臺灣，誓言一字字從緊咬的牙縫迸出：「I will be back!」[68]每個字都像是鐫刻在花崗岩上的銘言。施琅這個人，後來還有戲分，先記著這名字。

臺中日三國都說他是英雄，除了鄭成功沒有人做得到

回到鄭經私生子這檔事。所以鄭成功得知眞相後大怒，你猜怎麼著，居然派人去殺陳氏（可以想像）、殺嬰兒（有點over了吧）、鄭經（喂那是你兒子耶），以及鄭成功的太太（鄭成功認爲她教子無方，才搞出這件事）。換句話說就是下令殺他兒子全家——自己除外。

但是！鄭成功沒人性，他的部下卻有。留守廈門的部下接到命令，大驚失色，不敢執行，只殺了陳氏（挺可憐的）。鄭成功氣炸了，下令第二次，部下還是不敢執行，只好請出鄭成功的堂兄出來說情。雖然順利保全了鄭經等一

68：阿諾史瓦辛格在電影《魔鬼終結者》的著名臺詞。

干人性命，卻也順利飆高了鄭成功的血壓。

命運無情的打擊也就算了，都說人生就像茶葉蛋，有裂痕才能入味嘛，可這命運接二連三放大絕，使出combo連續技[69]，就算超人也撐不住，茶葉蛋也打成蛋花湯了。心理的負擔加上連年征戰的疲憊，鄭成功積勞成疾，離死亡只剩最後一步。這天他穿上了正式的官服，喝點小酒，捧讀明太祖遺訓，可能是讀一讀發現自己戎馬倥傯闖蕩一生，到頭來還是一條魯蛇，家庭事業兩頭空；遂突然發狂大吼，說自己無顏見人，用劍把臉砍得稀巴爛而死（也有史冊說用指甲抓），結束了鄭成功這段如果拍起電影絕對比《奪魂鋸》[70]還血腥獵奇的一生。

若不提鄭成功種種過激的行爲，比如殺部下、殺敵人、殺親人（未遂），還有他爲了鞏固政權殺害原住民等等，站在以漢人爲本位的立場，對他的評價仍然是正面的。畢竟鄭成功創立了臺灣歷史上第一次正式的漢人政權，因此民間故事中的鄭成功都是神化的、正面的（除了金門人的評價），稱呼他「國姓爺」，又建立許多廟宇祭祀他。尤其是到了近代，不同的政權各自有不同的著眼點，卻都隱惡揚善，用國家的力量來大肆榮耀他，使得鄭成功在臺灣

69：格鬥電玩中，接二連三不間斷的致命攻擊稱為連續技。

70：好萊塢著名恐怖片，以殘酷血腥的虐殺為賣點。（什麼？它揭示人性的哲理？有人在乎嗎？）

史上，與蔣中正、史豔文並稱三大民族英雄。

從清朝開始，清廷在臺灣便利用鄭成功的故事，宣傳「對皇帝的忠貞」，康熙還褒揚鄭成功是忠臣咧。從清初的康熙，到清末的劉銘傳，都不斷宣傳鄭成功的「忠君」思想，藉以教育人民：「聽皇上的話準沒錯。」

日治時代，日本人利用民間崇拜鄭成功的心理，順水推舟向大眾宣傳：「嘛[71]，你們知道嗎，鄭成功的歐咖桑[72]是日本人爹嘶[73]，所以他其實也是日本人爹嘶，所以漢人和日本人早就同一家了爹嘶內[74]！阿諾[75]～鄭成功死前還想一路打到菲律賓，其實就跟天皇想要殖民……呃聯合南洋諸島建立大東亞共榮圈是一樣的，嘶狗以內[76]～」

到了戰後，國民政府又告訴臺灣人：「各位臺灣同胞們，鄭成功收復臺灣，讓臺灣脫離異族的統治，實在和我們　蔣總統一樣偉大。鄭成功將臺灣建設得繁榮富強，也實在和我們　蔣總統一樣偉大。鄭成功立誓要光復大陸，積勞成疾，又實在和我們　蔣總統一樣偉大。」「你是說鄭成功打敗仗夾著尾巴逃來臺灣，把臺灣當反攻的跳板，想打回去又沒實力，終生鬱鬱寡歡跟　蔣總統很像？」[77]「……來人哪，拖出去鎗斃。」

71：日語常用的發語詞。

72：日語的「媽媽」。

73：日語語尾常用的助動詞。

74：日語常用的語尾助詞。

75：日語常用的發語詞。

76：日語「好厲害」之意。

77：為表示尊敬，蔣總統三字請挪抬。

弔詭的是，連中共也曾經出現推崇鄭成功的政治目的言論，他們說鄭成功待在臺灣，畢生想與中國統一，可惜壯志未酬身先死，這證明了中國與臺灣自古就是不可分裂的，大家不要讓鄭成功失望好噗好～～？[78]

古往今來，大概找不到第二個人能在清國、日本、臺灣、中共這四方，放下彼此對立，一致起立鼓掌推崇的人物了。他是鄭成功，他做到了。

鄭經是明鄭時期最主要的統治者，大家卻只記得他跟奶媽那個

鄭成功既死，誰繼位就成了一個問題。本來應該是鄭經繼位，可是鄭成功死前仍然痛恨不肖子敗壞門風，所以並沒有留下遺命要鄭經頂他的胃……的位[79]，甚至有說法是鄭成功最後遺命仍要處死鄭經（怨念也太深了吧）。大臣一商量，不然就請鄭成功的弟弟鄭襲承繼王位好了。鄭經身在廈門，得知王位居然飛了，開玩笑這哪能坐視，在陳永華、馮錫範等大臣擁立之下，火速出

78：「好噗好」是故意打錯字的，模擬政治人物在臺上嘶聲竭力的破音。

79：成龍電影《奇蹟》的開頭，黑幫老大死前指責成龍「頂我的胃（頂得很痛）」，被誤認為老大指明要他「頂我的位置」。

兵前往臺灣奪位。鄭經的軍隊與臺灣守軍打了一下，獲得勝利，鄭經與他叔叔鄭襲見面，兩人抱頭痛哭，「姪兒，是叔叔對不起你。」「不，叔叔您別在意。」好不感人。鄭經奪回王位後，便將叔叔趕到廈門禁錮起來（！），鄭襲怕被鄭經幹掉，找機會逃出來，投降清朝了（!!）。

都說世界上最骯髒的兩個地方，一是妓院，一是宮廷。連在臺南的這麼一個小宮廷，都照樣能演出這麼髒的戲碼，佩服佩服。

雖然鄭經有私通弟弟奶媽的「高射砲」紀錄，為時人所不齒，我們遂常常開玩笑說「鄭經很不正經」。然而明鄭時期治臺二十一年，掐頭（鄭成功治臺不滿一年）去尾（鄭克塽統治兩年），他倒是統治了臺灣十九年，是明鄭時期最主要的統治者來著，明鄭時期的大多數建設，也都在鄭經在位時完成。鄭經我對不起你～我以前不該取笑你的～

鄭經在位期間，積極建設臺灣。他跟鄭成功最大的不一樣，就是鄭經對「反清復明」四個字看得沒那麼重（畢竟他老母沒有死於清軍之手，倒是差點死於他老爸之手），他甚至將臺灣獨立建國，稱為「東寧王國」，對外對內都透露出並無西征之意，外國人也直接稱呼鄭經是臺灣的「King」了。至於當年跟隨鄭成功來臺的明朝遺老，鄭經在位時也停止給付他們的生活費，使得明朝皇室寧靖王朱術桂還淪落到得親自帶人下田開墾。

鄭經的建設臺灣，不能不提他有一個良臣輔佐，這良臣名叫陳永華。陳永華這名字一般人聽過去也就忘了，頂多問一句：「趙詠華不是唱歌的嗎？」但是若講起陳永華開的另一個分身「陳近南」，可能就比較多人會嚇一跳了。

白天是官員晚上變成幫派老大的陳近南

是的，「平生不識陳近南，便稱英雄也枉然」的陳近南，就是陳永華本人。也就是天地會總舵主、韋小寶的師父、天下唯一能解海公公化骨綿掌的高手高手高高手。（出自金庸的《鹿鼎記》，凡識字的都該看十遍！）

陳永華小鄭成功十歲，當年鄭成功在廈門抗清時，陳永華也不過是二十來歲的小鮮肉。當時他與鄭成功一席談話，分析政局、攻略，鄭成功大喜，認為找到活諸葛了，不但授他「諮議參軍」一職，也聘他為鄭經的老師（所以鄭經和韋小寶是師兄弟）。此後陳永華便一直輔佐鄭成功、鄭經父子，被視爲如同輔佐劉備、劉禪的諸葛亮一般，有「東寧臥龍」之稱。雖然我很愛幫古人取外號，但這個外號眞的不是我編的，要我編的話，應該會是「承天府第一智將」之類。

而陳永華眞的如同武俠小說裡一樣，是武林高手嗎？這倒沒有人說得準，至少史料上沒提及這件事。不過天地會是眞實存在著的，甚至到今天還在活動；當然今天不叫天地會了，而是衍生爲洪門、三點會、三合會、哥老會等等。洪門今天在臺灣是合法公開的民間社團；而在香港的三合會影響演藝界甚大，周星馳電影裡的「龍五」向華強，便是香港三合會「新義安」的領袖。據說周星馳曾經想移民加拿大被拒，就是因爲與三合會距離太近，被外國人視爲幫派份子。

臺灣曾是天地會的重鎭，但可能年代太久遠，行事太隱密，現在倒沒聽過什麼天地會遺留的儀式。不過臺灣民間流傳一個怪字，口訣爲「言絲絲，馬長長，心月戈，走馬仔拖大刀」；在中國用此字唸成「ㄅㄧㄤˊ」，有一道菜就叫「ㄅㄧㄤˊㄅㄧㄤˊ麵」。然而在臺灣，這個怪字念「ㄧ」，意思也是「ㄧ」，據說就是出自天地會。此外，在臺南高雄一帶祀奉的「太陽星君」，文面長鬚，頗有帝王之相，據說其實是紀念明朝崇禎皇帝，需以「九豬十六羊」之禮祭拜，或許也跟天地會有關。

在陳永華的輔佐之下，在鄭經任內臺灣越來越漢化，也越來越國際化。先講漢化的部分：西元一六六六年，現在的臺南孔廟興建完成，還附設學校，被譽爲「全臺首學」；於是開始辦教育，辦考試，選拔爲官人才，奠定臺灣社會此後以漢人文化爲主流的基礎。然而話又說回來了，「全臺首學」這句話有點說得太狂了，犯了漢民族自古以來自我感覺良好的毛病；人家荷蘭人在荷西時期其實也辦過學校，不然先前提過的平埔族會寫「新港文」，你以爲是某天一覺醒來突然就會的嗎？所以其實眞的要講臺灣最早的學校教育制度，是從荷西時期開始的。當然，荷蘭人走了之後，當年在學校傳授的知識無以爲繼，在原住民部落傳了幾代就消失了；從明鄭時期開始傳承的漢人文化，倒一脈相傳到現在。

讓我偷渡一下臺灣文學豆知識

臺灣漢民族的文學也是從這時代開始的。鄭氏一家當中，鄭芝龍海盜出身，有沒有讀過書我不清楚，想像中就算會吟詩應該也是「打從此路過，留下買路財」之類的句子[80]。但是鄭成功可是從六歲就被他爸從日本抓到中國福建讀書，一路讀到中國古代最高學府國子監，不但是讀書人，還是高材生，吟詩作對在鄭成功而言，比賭神要變出一張梅花三還簡單[81]。而且不只是鄭成功和他兒孫讀過書，跟著鄭成功來臺的南明遺民，也不乏飽學之士。其中最有趣的是，被尊稱爲「海東文獻初祖」「臺灣古典文學之祖」的沈光文，他老人家居然比鄭成功還早來。

沈光文是浙江人，明朝還沒完蛋的時候他在文壇就已經有名氣了，後來明朝滅亡，他在南明政府當官。有一次從金門出發要到泉州時，中途遇到颱風，居然就被吹到荷蘭統治下的臺灣來，一輩子回不去了。大家本來都以爲沈光文遇到海難葬身魚腹，當鄭成功知道沈光文居然在臺灣活跳跳的，還嚇了一大跳：「沈先生，什麼風把你吹來的？」「不就是該死的颱風啊！」[82]所以，

80：在中國有些觀光景點有鄭芝龍題詩，但不知是否真是他寫的。

81：周潤發電影《賭神》中最有名的換牌技巧。

82：以上為設計對白。

沈光文就這樣誤打誤撞成為臺灣島上第一個文學家了。

不過呢，沈光文在鄭經即位後，因為不滿鄭經的施政，寫了文章諷刺他，鄭經一看說，好哇你這老小子，你以為是在爆料公社發酸文[83]是吧，於是便處處為難他，沈光文只好隱姓埋名，落髮為僧，就像豬哥亮說的「出國深造」避風頭了。[84]

鄭經迫害沈光文，那也只是他跟老沈兩人的恩怨，不影響大局。鄭經在位的時期，做的眞正影響大局的事情是：反攻大陸。

那邊有看官舉手了：「等一下！他不是反攻大陸沒成功嗎？對清朝不痛不癢，影響了什麼大局？」確實，鄭經反攻大陸並沒有成功，然而下這一著棋，卻導致鄭氏在臺的政權滅亡。

很多事情是只能說不能做的，例如反攻大陸

原本鄭經在臺灣辦教育、舉人才，內政相當穩定；對外與東南亞、日

83：爆料公社是臉書上匿名爆料投訴的發表平臺；而寫文章諷刺他人的動作稱為「酸」。

84：藝人豬哥亮曾因躲避龐大賭債，隱居多年，復出後自嘲那段期間是「出國深造」。

本、英國等貿易往來，生意做得也風生水起；清朝與鄭經的關係更是趨於和緩，鄭經沒有反攻之意，康熙皇帝也懶得管他。這個獨立的「東寧王國」原本可以傳個千秋萬世、直到永遠，搞不好在另一個平行宇宙中，臺灣島已經在慶祝建國三百年，國名叫「東寧民國」之類的咧。但是鄭經來臺的第九年，清國國內發生了吳三桂等發動的「三藩之亂」，也就是明朝降清的部將反抗清朝的事件。鄭經不知哪根筋不對勁，原本講了一百次我不會反攻大陸，在這一次偏偏派兵參戰了。

至於鄭經為何突然又想起「反清復明」這句成語，也沒有人搞得懂，若不是傳統「大一統」情結作祟，要不就是半夜夢到鄭成功罵他「該死的傢伙你忘了你爸的遺願了嗎」並拿劍要砍他。對於鄭成功半生奉獻給「反清復明」大業，以及確實曾下令砍殺鄭經這些前科來看，我倒覺得鄭經還真可能是做惡夢，才又決定西進的。

這一西進，倒提醒了康熙皇帝，哎唷我都忘了在東南方有一小塊小番薯，本來還懶得拔呢，想不到偶爾踩到還挺扎人的。原本朝中大臣如施琅、鰲拜一直勸康熙拿下臺灣（沒錯，鰲拜不只是會講「請皇上下令立即拘捕索尼」

而已[85]，還會講「請皇上下令立即攻打臺灣」），但康熙一直不為所動。然而三藩之亂這次讓康熙眞的動怒了，才開始認眞考慮拿下臺灣這件事。

當初三藩之亂時，鄭經還曾打下部分清國土地，成為自己的領地，可說是信心滿滿，光明在望。後來吃了敗仗，只好摸摸鼻子退回臺灣；不久後衰事接二連三報到，又是天災，又是貿易受挫。到西元一六八一年，鄭經去世，享年四十歲。

鄭經雖死，明鄭的惡耗仍未止息。原本在鄭經晚年——他死時也才四十歲，說晚年怪怪的——在鄭經在世最後幾年，他已經進入退隱狀態，蓋了一幢別墅「北園別館」（今日臺南開元寺），做為奉養母親和自己縱情酒色之處（這兩個目的感覺好衝突啊）。這時候，鄭經便將國家交給兒子鄭克𡒉管理。

鄭克𡒉這小伙子雖然名字取得不高明（我的輸入法一直跑出「政客髒」，雖然輸入法你眞的很聰明但我今天眞的不是要談這件事好嗎），不過管理國家居然管得還不錯，剛毅勇斷的個性，頗有他阿公鄭成功的眞傳——然而諷刺的是，當年他就差一點死於他阿公的命令之下。沒錯，他剛好是當年鄭經與弟弟奶媽私通所生的那個嬰兒（如果你已經忘記那嬰兒是誰了，請往前翻幾

85：「請皇上下令立即拘捕索尼」是周星馳電影《鹿鼎記》中，徐錦江飾演的鰲拜著名的臺詞。

頁找找）。

當年要不是鄭成功的部將心軟下不了手，否則鄭克壓年紀小小就要被人害死了。但是命運弄人之處就在這裡，命運之神問：「害一次沒有死，那你有沒有害第二次？」[86]

故事急轉直下草草結束

陳永華是一六八〇年死的，加上隔年鄭經一死，宮廷鬥爭的好戲又開始上演。當年陪鄭經來臺奪回王位的官員馮錫範，發現原本壓在頭上的鄭經、陳永華都死了，不禁大喜過望：「難道我有死亡筆記本[87]相助，誰擋在我的前頭都得死？」於是開始實行他的陰謀——廢掉鄭克壓的王位，改立鄭克壓的弟弟鄭克塽爲傀儡。

馮錫範要「壓下塽上」是有原因的。鄭克壓的老師是陳永華，同時也是陳永華的女婿；所謂一山不容兩虎，一張桌子不能放兩隻茶壺，馮錫範原本

86：前總統馬英九在某次校園演講時，面對抱怨物價上漲、便當吃不飽的學生時，回應：「一個便當吃不飽，你有沒有吃第二個？」

87：指漫畫《死亡筆記本》，故事設定為死神遺落筆記本在人間，被寫上去的人名都得死。

就和陳永華不來電（天哪這詞好老派喔），他怎麼會容許鄭克𡒉這個「陳永華二·〇」掌權？看來看去，還是當時年僅十一歲還在喊「媽媽十元」的鄭克塽好控制——而且鄭克塽還是馮錫範的女婿呢。這件事情確實很不可思議，十一歲（虛歲十二）的小孩居然已經是人夫了，據說是鄭經當年征清時授意的。

於是馮錫範到處造謠，說鄭克𡒉根本不是鄭經的種。所謂謊言說一百次也會變成眞的，什麼時代都盛產腦袋有洞的丁丁[88]，大家心想：對啊，當年鄭克𡒉出生時不是鬧了很大的風波嗎？就是因爲他媽媽陳氏不是鄭經的元配，連妾都不是；搞不好陳氏早就有孕了，只是找鄭經當個現成老爸。也有人說，陳氏根本沒懷孕，是抱別人小孩來騙鄭經的——這種說法鄭經還活著的時候就有傳聞了，但據說鄭經親眼看著小𡒉𡒉出生（以那個年代而言，陪老婆進產房還眞夠劃時代的，只差沒錄影了），因此並不相信此說。但鄭經不相信不代表別人不相信啊，等鄭經一死，馮錫範等馬上藉此發動政變，將鄭克𡒉拉下來，結束他的性命，半夜將他的屍體投到海裡當消波塊，後來又被沖回沙灘；此時鄭經才離世不到三天。噁心，眞的噁心斃了。鄭克𡒉死後，她太太小陳（就是陳永華的女兒）爲他守喪百日，後來也上吊自盡。雖然他們在政變之中成爲無辜

88：「丁丁」為兒童節目《天線寶寶》的角色，由於該節目是給幼兒看的，內容較幼稚，而被人引申為頭腦簡單的代表。

的犧牲品，但在百姓心中，他們或許才是鄭成功一脈眞正的繼承者。

在國事飄搖的時刻，內政還要這樣玩鬥爭，局勢可想而知當眞如同江河日下，我說故事的速度也可以加快了。此時康熙已經在位十四年，在韋小寶的努力下（誤），權力也建立起來，便同意出兵征討臺灣鄭家。一六八三年，康熙派跟鄭成功有仇的施琅率領水師三萬多人，先取澎湖，臺島爲之閃尿，原本主戰的大將也遊說鄭克塽求和，於是在這一年十月，鄭克塽終於投降，結束了二十一年的明鄭時期。

就像電影結尾彩蛋交代角色個別結局一樣

最後說說幾個剛剛提到的人物的下場。先前提過有個明朝王室朱術桂來臺，後來他招募許多百姓共同開墾今天高雄路竹一帶，還蓋了個莊園，算是過著安穩小日子。但當他聽聞澎湖失守、鄭克塽決定投降之後，認爲明朝之後這個苟延殘喘的南明之後奄奄一息的明鄭政權都已經在閉幕倒數了，他身爲明朝最後一個王孫，必須以身殉國。於是對五位妃子表示，現在國家已經要滅亡了，我準備自盡；妳們還年輕，就改嫁或出家當尼姑吧。五位妃子痛哭表示願意與朱術桂共赴黃泉，於是五位妃子穿戴整齊，向朱術桂敬酒告別，至後殿懸樑自盡。隔日朱術桂將五名愛妃下葬，下葬之處即今臺南市五妃廟。

朱術桂身爲王室後代，到底是個爺們，不搞那種大家約好了一起死結果自己偷偷把安眠藥吐出來那種爛招。他把後事準備好，召集地方父老訣別，當衆將田地契約燒毀，讓田地歸佃農所有，只留了一句「我走了（我去矣）」，然後至後殿自殺。在此提醒各位，自殺不能解決問題，也不是正向行爲；但是朱術桂與五妃之死，眞的如同殯葬公司的口號「用你想要的方式道別」，死得抬頭挺胸，死得瀟灑自若。

朱術桂的自殺方式，正史說是懸樑自盡，但民間傳說對於這種王公貴族，喜歡用一個更霸氣外露的自殺法：呑金自殺。又說朱術桂的假墓有一百座，讓清軍無法挖掘。此後數百年，沒有人知道朱術桂的墓地。直到日治時代的一九三七年，一名糖廠員工在今天高雄路竹一棵樹下睡午覺，半夢半醒間看到一個穿古裝的人走過，他嚇醒後跑去通報日本警察，在原地一挖才挖到眞正的朱術桂墓，發現不少陪葬品，可惜今日不知下落，據說是運到日本了。

再講鄭克塽的結局。鄭克塽降清後，被軟禁在北京監視。雖然他一再請求說北京天氣夭壽冷他想回南方，可是清廷怎麼可能放虎歸山呢！不知道鄭克塽被軟禁時都怎麼打發時間，難道眞的寫小說自娛嗎？有一個說法是《紅樓夢》作者其實就是鄭克塽，還講得煞有其事，說「紅樓」就是「朱樓」，「朱」正是明朝的皇姓；小說舞臺之一「寧國府」又稱「東府」，「東邊的寧國府」就是暗喻「東寧王國」……眞是對號入座得太有趣了；這種假設跟考證說《海賊王》漫畫裡尋找的「ONE PIECE」其實是鄭芝龍的寶藏一樣精采。最後鄭克塽在北京住到三十七歲就死了。話說回來鄭成功、鄭經、鄭克塽父子孫三人往生的年紀非常接近，不知道這其中有沒有什麼玄學的意義在，請讀者幫我寫信給《命運好好玩》[89]節目問問。順帶一提，鄭克塽的孫子的孫子的孫子是現代詩人鄭愁予。（我應該沒算錯輩分吧！）

「海東文獻初祖」沈光文留在臺灣終老，組織「東吟詩社」，在地方教育做出貢獻，他的詩文也爲臺灣史留下第一手資料。現今臺南一帶有光文里、光文路、斯庵橋等紀念沈光文的名稱。

89：以命理為主題的電視節目。

最後我們來談充滿仇恨的施琅，他的下場——他的下場適合留在下一章來講。「這世上很多重大的轉折，往往都是小人物的一個決定而產生的。」

來不及講的故事，請搜尋關鍵字：

沙轆社之役／疣尾蝎虎與無疣蝎虎

第4章 信不信由你 清朝統治臺灣最久

康熙你到底要不要臺灣？不要再傲嬌[90]了啦

康熙雖然派施琅去拔掉臺灣鄭家這個眼中釘，但他對於臺灣島一直是興趣缺缺的。理由很簡單，如果今天臺灣是個無人島，那清國順勢把臺灣島吃下來亦無不可，頂多麻煩點就是清國地圖要請人重畫罷了。問題就在於臺灣島不是無人島，上面有許多漢人和原住民。漢人有很多是當年鄭成功一起帶過去的，都是鐵了心要反清復明的「反賊」「逆黨」；原住民就更讓人頭痛了，他們不懂漢語、不寫漢字，用中華本位的心態來講，這些原住民就是稱之為「番」的野蠻人。請問一下喔，如果把臺灣島吃下來，那要不要派官、派兵去駐守？要。那要不要花錢、花時間、花人力？要。所以康熙挖挖鼻孔說，臺灣島那麼小一塊，吃下來我也不會比較飽，不吃我也不會餓，我幹嘛管它？

康熙是主張「棄臺論」的，他在朝廷裡已經聽「留臺論」的大臣們囉唆到耳朵出油、翻白眼翻到可以看到松果體[91]了。原本康熙要桌子一拍、大喝一聲：「朕心意已決，誰再上來嚼舌根，我拔誰舌頭！」這時候施琅飛身而出，俯在康熙耳邊輕輕說了一句話，康熙居然沉默了[92]。

90：平常說不要不要後來還是要的態度。代表性句子：「我、我才不是因為你可愛才接近你的呢。」

91：松果體是人類大腦裡的一個器官，位置大約在耳朵深處、眼球正後方。翻白眼翻到可以看到松果體，表示大翻白眼。

92：模擬文章農場愛用的聳動標題，例如「父親的一句話，讓十三億人都沉默了」之類。

是什麼話這麼可怕？是「我知道你埋藏在院子的祕密」[93]？是「我看到你手機簡訊了」[94]？是「我們來玩誰先講話就輸了的遊戲吧」？都不是，施琅說的話很簡單：「皇上不要臺灣，荷蘭要。」

施琅連論說文都寫好了，叫做〈陳臺灣棄留利害疏〉，裡頭指出最重要的一點：臺灣島是東南沿海各省的屏障，如果皇上放棄，荷蘭佬一定會趁這空窗期奪回去，整天在海邊當痴漢騷擾我們，到時候反而成爲大患。

就好像你倒貓飼料在碗裡，貓老大可能懶得吃；但這時只要默默把碗端走，貓咪就會衝過來把你的手抓花。康熙聽了，立馬桌子一拍，霸氣外露兼側漏地說：「朕不給，你不能搶！」[95]於是定案，臺灣，收入大清國版圖。我常在想，如果沒有施琅的這番話，臺灣今天會怎樣。

歷史有多事情，是發展的「必然」，也就是事情本來就已經走到隨時會轉折的時刻了，一切發展水到渠成。這些「必然」，有時是新產品的發明，有時是新事物的發現，有些是思想在時代的趨勢下不得不然；當歷史走到這種「必然」時刻，誰來當主角基本上都不會影響大局。好比說，如果沒有貝爾發明電話，難道我們今天沒電話可用？答案是一樣有電話。其實與貝爾約略同時

93：日本漫畫《監獄學園》劇情，學生看到理事長在學校後頭埋藏怪怪照片而以此要脅。

94：據研究，女生只要跟賴床的男友講這句話，十之八九都會垂死病中驚坐起。

95：電影《滿城盡帶黃金甲》中周潤發的臺詞。

期的科學家，也已經有人做出電話的雛型，甚至比貝爾更早發明，只是沒專利而已。也就是說，電話的發明在歷史上是必然要出現的，沒有貝爾，電話還是會在那個年代被發明。又好比說我們小時候寫作文，一定要推崇一下國父孫中山先生十一次革命。難道沒有孫中山，滿清就不會被革命？事實上武昌起義成功推翻滿清時，孫中山人根本在國外不知此事，孫中山對此表示：「我也是看報紙才知道的。」[96]這叫做歷史的「必然」，有沒有貝爾、孫中山，電話一樣會被發明，滿清一樣要滅亡，頂多是延後一滴滴完成，但不影響大局。

但有一種歷史的變化，是由一個人扭轉的。沒有這個人的影響，歷史就不會往這方向走。比如何斌勸說原本不想攻臺的鄭成功攻臺（但我覺得沒有何斌，鄭成功在大陸無路可走時還是會攻臺），比如原本已經東寧稱王的鄭經突然又跑去反清一下招致滅亡，比如施琅把原本要放棄臺灣的康熙皇帝講到決定留臺。

如果沒有施琅，臺灣會怎樣？首先我想，沒有施琅領軍，清朝還是能打下政治已經敗壞的明鄭；然後康熙清算完明鄭君臣與軍隊後，把臺灣放生；荷蘭人一看，嘿！這塊寶島居然沒人要那我來撿，又來占領，臺灣重新回到荷蘭

96：前總統馬英九常講的話。話說回來，孫文真的是吃早餐配報紙時才知道武昌起義成功的。

時期；這一路殖民就給他殖到二次大戰結束，打了一場獨立戰爭，臺灣終於獨立建國，臺灣人平均身高比現在多十五公分、鼻子高三公分。若是如此，沒有施琅，臺灣的今日大不同。

當然歷史不能重來，但用這種假設性問題來討論歷史，倒是可以寬廣我們的視野，激發我們的想像力。我們回到史實，剛剛說到由於施琅的一番話，從此臺灣進入了最漫長的朝代。

你在消極什麼啦，不高興可以不要接收啊

不跟你講，你大概還以爲清朝統治臺灣沒多久。事實上仔細一算，清朝統治臺灣的時間，是有史以來最久的朝代。荷西時期統治三十八年，明鄭時期統治二十一年，日治時期五十年，中華民國時期截今剛超過七十年。清朝呢？是夭壽長的二一一年、二一一年啊!!居然是第二長的三倍多啊!!除清朝以外的其他四個政權加起來都沒它長啊!!

那爲什麼我們大衆對清朝的印象如此薄弱？我想可以從幾個方面去討論。比如說，大衆認爲清朝已經是太久以前逝去的王朝了，它是長是短對我們感覺沒什麼影響，就好像我們不在乎唐朝比較長還是宋朝比較長一樣。或者我們對清朝的印象只停留在清末的官員，像沈葆禎、劉銘傳等等，誤以爲從他們來臺的時代才算清朝。但是！其實大家的這種印象不算錯得離譜，因爲就算是學術界，翻開臺灣的通史專書，許多學者從荷西一路講到當代，清朝占的篇幅並沒有特別長，清朝兩百年史的頁數甚至可能比日治五十年史還少。這或許是因爲清朝統治兩百餘年間，社會變動不大，政策實施更是乏善可陳的緣故。

怪了，大家不都說康熙是歷史上大家拚命按讚[97]的明君，怎麼會政策實施乏善可陳呢？原來康熙雖然同意吃下臺灣，但可沒同意要好好發展。原因是清廷仍將臺灣視爲「化外之地」，認爲上面的人們不是天地會就是半獸人[98]，萬一讓島民強大起來，那中央還管得住嗎？所以清朝統治的兩百多年間，除了最後二十年有稍稍認眞一下，前一百九十年基本上都是非常消極的。

這種消極的態度首先就反映在對於人民移民臺灣的政策。由於擔心臺灣「又」成爲反清復明的基地，清朝其實不希望人民跑來臺灣，於是定下「渡臺

97：臉書按讚功能……需要解釋嗎？

98：奇幻小說常見的種族設定。長得像野獸、行為野蠻的人。我想在清朝眼裡，臺灣島上滿滿的都是這種人。

三禁」來限制人民。

第一條：嚴禁無照渡臺。注意喔，不是嚴禁無照駕駛，是禁止沒有申請「照單」者來臺。也就是說，臺灣不是想去就能去的，人民必須在原籍地申請許可證才能來臺。

第二條：禁止攜帶家眷。當時外出闖蕩的當然都是男人，不准他攜帶家眷，就是不讓他帶老婆和女兒來臺。

第三條：禁止潮州、惠州人渡臺。原因在於廣東的潮州、惠州兩地當時出了許多海盜，被清廷認爲是海盜工廠而列入黑名單。你們這兩地的人都已經天生遺傳海盜DNA了，放你們到海外豈非如魚得水？統統不准去！

這三條禁令，時嚴時鬆，廢除的時間也不一樣；不過基本上，從這三條禁令，還是可以把清朝的背景輪廓大概勾勒出來。

在海上的一百種死法

首先是嚴禁無照渡臺。這條法令暴露出蜻蜓（誤）清廷對臺灣保守、消極的態度，清廷認爲臺灣島乃是海外孤懸的三不管地帶，容易成爲作奸犯科的壞蛋流亡逃匿之所在，因此想要盡量控制人數，畢竟人越少是越好管——話說回來，這個年，頭都變了[99]；今日在臺灣的犯罪者倒是常逃匿到中國大陸，整個情勢都相反了。但是，當時住在福建、廣東的百姓們，面臨了人多田少的困境，早就躍躍欲試，想來臺灣享受一下當地主的滋味，誰還耐煩跟你領號碼牌排隊等叫號申請許可證？於是沒有許可證的人們，照樣趁著月黑風高乘著小船偷偷渡海來臺，也就是偷渡。當時清國內地偷渡客抵臺，還要注意官府盤查要求唱「茼蒿」驗明身分[100]，被抓到還要重賞八十（你以爲是八十兩銀子嗎？錯！）大板，但就算如此，從康熙到乾隆這一百年間，平均每年有四千多名偷渡客，遍地住民都是偷渡來臺的啊，誰怕官府啊！不過先別急，當偷渡客踏上臺灣島之前，有重重的險峻關卡早就等著伺候你。

首先是所謂的「橫渡黑水溝」。臺灣海峽由於有洋流「黑潮」經過，海

99：出自舞臺劇《那一夜，我們說相聲》。應為「這個年頭都變了」。

100：過去中國偷渡客跑來臺灣，警察盤查時會要求偷渡客唱〈國歌〉或考冷笑話等臺灣人才知道的東西，來分辨到底是不是正港臺灣人。「茼蒿」這首歌的唱法是：「『茼蒿』～們同在一起，在一起，在一起～」

水顏色較深，俗稱黑水溝。別看早在明朝就有鄭和的艦隊堂堂皇皇縱橫四海，那是因爲人家有大船可開，偷渡的小老百姓只有戎克船這種小蝦米帆船。這種船萬一遇到大一點的風浪，根本比馬桶要沖掉一張衛生紙還簡單（如果你家的沖不掉，請立即聯繫鄰近水電行）。我當年（這裡的當年是數年前，不是清朝時期）被軍艦從臺中港載到金門當兵，從窗戶看出去，海平面一直上升到窗戶最上端，四秒後，海平面又下降到窗戶最底端，這並不是說地球上海水突然變多又變少，這是因爲船左右搖擺得很嚴重啊!!我睡在上鋪還得整夜緊緊抱住床緣欄杆才不會被傾斜的船身掀下來!!廁所地板全被陸軍菜兵吐得像是有人在這裡辦了一場國際萬人砸披薩大賽!!連軍艦在臺灣海峽上都晃成這樣，木造帆船勇渡黑水溝的凶險，自當不在話下。

還有些人不是開著自家小船來的，是村子裡年輕人大家邀一邀繳錢讓人蛇集團載來的。這種人蛇集團非常夭壽，有把人載到臺灣的已經算是佛心了，很多都是騙人上去準備報廢的破爛小船，把幾百人關在船裡，然後開到海中央，確認一下「到公海了沒有？」[101]就自己駕小船逃生，留下數百人跟著自動解體的船葬身海底。當年黃藥師造了一艘美侖美奐但會自動解體的帆船，想像

101：電影《賭神》著名臺詞。到了公海，就可以在船上殺人。「殺了人只有這條船的註冊國家可以抓我。而我呢，呵呵，跟巴拿馬總統還算有點交情。」

有一天活得不耐煩了，要駕船出海一邊吹奏〈碧海潮生曲〉，一邊欣賞帆船大部分解[102]自沉海底[103]。黃藥師對這檔事有這麼浪漫的想像，是因為他沒親眼見過渡臺先民枉死大海的慘狀啊！

除了這種做法，還有一些做法也很沒天良，比如說逼人跳海啦、到一塊無人島就說臺灣到了騙人下船的啦，不一而足，因此餓死、溺死、被殺死的人也不知凡幾。有些人蛇集團怕被官府抓到，不敢離岸太近，在近海的沙洲上就放人下船，跟他們說這沙洲一路走過去就到臺灣了，這有行話叫「放生」。然後偷渡客走一走直接陷入爛泥中無法自拔（這句成語不是這樣用的好嗎），叫做「種芋」。而葬身大海的叫「餌魚」。搞人蛇集團這行能搞到衍生出術語，還眞是幹哪行愛哪行，傷天害理得夠專業。

縱使橫渡黑水溝困難重重，但先民仍然長江後浪推前浪地湧進臺灣。原因無他，第一是在家鄉眞的混不下去了。第二是人人都說「臺灣錢淹腳目」，那些去臺灣打拚的人們都沒回家鄉，想必是在臺灣過太爽樂不思蜀了，讓待在閩粵的青年們有美好想像。第三是臺灣海峽寬度不過約兩百公里，若啓航後一路順風，其實一兩天內就能看見臺灣海岸，交通還算快捷。（那為什麼我當兵

102：「大部分解」是軍中術語，指的是分解槍枝。
103：以上情節出自金庸武俠小說《射鵰英雄傳》。

去金門足足在軍艦待了二十四小時，軍艦難道開得和兩百年前的小帆船一樣慢嗎，害我吐得七葷八素，去你的臭海軍！）

奇幻漂流的少年Pi不告訴你的航海偷吃步

當時沒有衛星定位，光憑一艘原始的不插電小帆船，是怎麼推斷到哪裡、何時到的呢？有經驗的討海人知道，出航後，從船頭丟一塊木板到海裡，然後人大步快走直直走到船尾；因爲木板在海面上短暫時間內是視爲不動的，如果人走到船尾，往海面一看，木板也剛好漂到船尾，那就是正常速度（這樣講怪怪的，因爲木板其實沒有漂，是船往前跑了）。如果人走到船尾了，木板還在海上要賴說「好累喔~不想動~」，還沒移到船尾，那表示今天風不強，船速有點慢。如果木板比人還早到船尾，表示船速較快。如果木板浮在海面上突然有一隻蒼白的手把它抓到水底，那就是遇到水鬼了快回航啊!!

從剛剛的速度算法就可以知道，小帆船唐山過臺灣的正常航速約等於大步快走（或慢跑），也就是時速約九到十公里。兩百公里除以九，也就是大約二十個小時多一點就能到臺灣，嚴格說來連一天都不用。

而在茫茫海上，除了靠航速和航行時間（船上可以用沙漏之類來計時）來推估已經航行到哪裡之外，還有兩個檢驗的方法。一個是叫個視力二．〇的衰鬼爬上帆船的桅杆上（就是帆船的帆中間那根最高的柱子），遠遠眺望看不看得到廈門和臺灣之間的澎湖群島，如果到澎湖的話，離臺灣只剩八小時船程；如果遲遲不見澎湖，表示已經偏離航線了，這時汽車導航系統就會告訴你「行車，喔不，行船已偏離規畫路徑，想死就繼續走」，那就必須掉頭往西航行退回起點，改天再來。

另一種推估地點的方法是，準備一條長約兩百公尺的繩索，綁著一塊鉛錘，鉛錘沾了牛油之後丟進海底，讓牛油去沾黏海底的沙子。如果拉回來看沒有沙子，表示還在海底較深的海中央；如果沾到沙子，表示接近陸地，經驗老到的人，甚至能從沙土顏色判斷航行到何處了。

雖然說來臺灣不難，有船有膽就可以了，然而風向與洋流難以預測，風大船會翻，風小船會被洋流沖走，因此船難依然頻繁。據清朝官方統計，光雍正到道光這一百年左右，就有八十五件船難，偷渡的還不算在內。而外國人的統計中，在清末幾十年間就有八十三艘大船被黑水溝吞沒，這根本是有水怪出沒吧。

魯蛇就算了，還單身

再說第二條禁令「禁止攜帶家眷」的影響。因爲不能帶家眷，所以等於來臺的只有單身漢。就算有人覺得「反正都已經打算偷渡了，要打就打破，要闖就闖禍，要犯就乾脆犯大條一點」而偷帶女生到臺灣，比例仍然少得可憐。因爲我們用膝蓋想也知道，房子銀子車子妻子兒子五子登科的好命人，誰願意拋家棄子遠渡他鄉？甘願冒著九死一生的危險兩手空空來臺開墾的男子，一定都是沒產沒業沒田沒銀子的魯蛇啊！這種魯蛇能拐到女生陪他來臺開墾的機率，比肥宅在跨年夜邀到學妹回房間看DVD的機會還低啊!!所以根據清朝初期的統計，當時漢人的開拓者中，男女比例常常都是兩三百比一的懸殊數字。

甚至還有彰化、諸羅、鳳山三縣的人民全部都沒有家室的紀錄。（我看根本是戶政事務所懶得查戶口吧！）因此，臺灣社會才會流傳「一个某，較贏三个天公祖」這樣的俗語；萬幸居然討得到老婆的話，當然是疼惜如命，所以俗語說「聽某喙，大富貴」「聽某大丈夫，拍某豬狗牛」，如果不問其時代背景，光看這些俗語，眞的會以爲閩南人是宇宙中女權最高的種族。

這種沒有家室的男子，在臺語給個學名叫「羅漢腳仔」。沒有老婆的日子是很難過的，沒有人噓寒問暖，天冷時也沒有人可以一起賴在被窩玩唉唷你的腳好冰喔嗯不要亂伸進來啦的遊戲，所以又有俗話說「紅柿若出頭，羅漢腳仔目屎輾輾流」，柿子上市的時候正是秋涼之時，一片蕭瑟景象，單身漢是否也會覺得孤單寂寞覺得冷？所以在臺灣，大家都說：「柿子紅了，羅漢腳的臉就綠了！」[104]嗚呼。

讀者千萬不要單純到以爲：單身漢也是人而已，多了沒什麼影響，社會依舊安和樂利。醒醒吧，如果你有認識生三個男孩的媽媽，去她家裡拜訪一下就知道了。清初的臺灣社會，沒有老婆管教的臭男人聚集在一起，當然不會幹出什麼好事來；有錢的喝酒聚賭，沒錢的四處晃盪，結集在一起互相照應，憑

104：模仿番茄汁的電視廣告，一位老外說：「在義大利，大家都說：『番茄紅了，醫生的臉就綠了！』」

著血性行事，成爲民變的主要力量——這檔事容後再談。

在陽盛陰衰到了極點的狀況下，爲了解決生理需求，尋求同性互相幫助的情況並非罕見（我不知道這樣算不算同性戀），當然大部分羅漢腳還是嘗試有錢沒錢討個老婆好過年的。還好臺灣島上並不是沒有女人——於是這些色胚們（喂），將目標鎖定在原住民女子身上。

不試不知道，一試嚇一跳，羅漢腳找平埔族原住民女子通婚根本是天作之合。因爲有許多平埔族部落是母系社會，由女生繼承家業（尤其是長女），男子若入贅到平埔族女子家裡，根本就是妻子房子人財兩得的一石二鳥之計。於是在兩三百年前，漢人男子入贅到平埔族家庭的狀況頗爲常見。所以臺灣有句俗話說：「有唐山公，無唐山媽。」也就是大家的開臺祖先，男子是從唐山（中國大陸）來的，但女子卻不是。這件事情產生的最大影響是，我們現代的醫學報告指出，臺灣人約八成以上有原住民血統（但可能很稀薄）。因此，當許多漢人歧視原住民爲「番仔」時，事實上忽略了自己的祖先也是「番仔」的可能。

唐山過臺灣，沒半點錢[105]

至於第三條禁令規定禁止廣東人來臺，原因還挺可笑的，是因為當時廣東省出了挺多海盜，清廷沒法子剿滅海盜，用這種消極的方式避免海盜的勢力坐大。這條禁令不只讓海盜沒辦法來，連原鄉在廣東的客家人也受到限制，使得客家人來臺的人數較少，也較晚來臺。當然這樣的講法是很粗略的，也有爭議，比如說客家人不盡然都住廣東，其實在福建也有的。另一個值得討論的問題是，客家人與閩南人中的漳州、泉州人，三大族群在臺灣的地理分布，大略是：漳州人住內陸（如宜蘭市、嘉義市）、泉州人住海邊（如彰化鹿港、臺中沙鹿、嘉義東石）、客家人住丘陵臺地（如新竹、苗栗）。很多人認為此現象與這條禁令有關，因為客家人來得晚，平地都被漳州、泉州人占光了，只好被擠到山上去。

但是也有學者認為，如果我們考慮到漳、泉、客族群在大陸原鄉時是幹啥吃的，其實會有不一樣的解釋：漳州人務農，因此到達臺灣時選擇了適合農耕的內陸平原；泉州人原本就靠海捕魚、貿易維生，搬來臺灣自然還是住在海

105：客家「國歌」〈客家本色〉的首句。據說只要是五歲以上的客家人都會唱。

邊管很大；客家人原鄉在中國福建、廣東、江西三省交界，原本就在山上，所以他們抵達臺灣後，自然還是手刀狂奔到山上大喊：「耶!!這裡是我的了~我贏啦~~」（漳、泉：「又沒人要跟你搶那裡。」）

之所以在原鄉住什麼環境，來臺之後還是住什麼環境，浪漫一點的話可以用「思鄉之情」來解釋。但是更有說服力的說法是，先民隻身一人、赤手空拳、一窮二白地來臺，必須立即投入可以馬上有報酬的工作；當只會抓魚的泉州人來臺，他當然還是住海邊抓魚，你逼他到平原種甘蔗、到丘陵種茶葉，還不如給他一瓶農藥喝比較快。

了解渡臺三禁對臺灣的影響，基本上就能勾勒出臺灣在清代前一百九十年的背景：清廷採取消極治臺政策，男女失衡、陽盛陰衰，大量沒有家業的男子來臺，臺灣漢人以閩南人爲主。有了這些基本認識，我們再繼續看看這樣的時空設定之下，會發展出什麼故事。

官字兩個口，臺灣民衆最不信任——我眞的是在講清代的事情

由於清朝並不信任臺灣，認爲臺灣人一生下來都是右腳反復左腳清明[106]，連走在街上打招呼都是「阿水嬸，今天反清了沒？」「我一早就反清兩次了，待會吃過飯再反一次。」「哈哈哈，復明了，我終於復明了！」[107]更害怕清廷派去臺灣的官吏將兵，在臺灣住久了，也會被傳染流行性反清復明症，因此嚴格規定：派到臺灣的官員，一任只能當三年，快的甚至兩年多，三年到了一定要調回大陸，而且不能由臺灣人擔任臺灣官員。如此一來，來臺官員因爲語言不通（有官員就覺得很奇怪，臺灣土話怎麼有些字只有尾音的鼻音，沒有子音和元音。比如臺語伯母「阿姆」的「姆」和「黃色」的「黃」），他們就聘用本地人當爪牙，這些衙吏鷹犬在地方作威作福，在上位者泡他的茶吟他的詩，數著還有幾天可以回大陸，這樣的政治自然好不到哪裡去。

官吏無心經營，抱著天高皇帝遠、來這裡趕快把銀子撈一撈期滿走人的心態，造成政治風氣敗壞，連清代的官員都認爲，臺灣吏治可以勇奪全清國最

106：周星馳電影《鹿鼎記》中的橋段，據說是天地會幫衆相認的暗號。

107：後來才知道講這句話的人有眼疾，在醫生診療之下眼睛終於復明了。

爛第一名。也因此，臺灣民間流傳許多罵官吏的俗語，例如「一世做官，三世絕」（今生當官，三輩子絕子絕孫）、「王廷幹，看錢無看案」等等。

剛剛提到的王廷幹很有故事，值得岔出來另外講一下。王廷幹是清道光年間的官吏，在民間故事中，他擔任知縣期間，有女子陳守娘因不從其婆婆與小姑逼迫賣淫（一說改嫁），受凌虐而死，鄉民憤而告官。王廷幹收了紅包，判嫖客與守娘的婆婆、小姑無罪，引起民意反彈，丟石頭丟到王廷幹倉皇逃離。再經上訴，才判逼良為娼的婆婆與小姑死罪。但嫖客竟全身而退，返回大陸，因為他就是官府的人。有關係就是沒關係，聽過沒啊~年輕人！

因為有這段史實，在臺南一帶才流傳「王廷幹，看錢無看案」的俗語，當官能當到被寫進俗語被罵百多年，真的是欽敬欽敬、佩服佩服。

聶小倩、貞子、伽椰子，妳們都不是我對手！[108]

但是！民間故事並沒有這麼快放過這名嫖客。傳說中陳守娘冤魂不散，

108：這三個名字都是鬼片中的女鬼名。

投訴地方神明，想不到地方神明跟清國官員一個樣，只想吃案，要陳守娘排隊掛號塡三聯單然後回家（墳）等通知，陳守娘連被人間神界兩官吏迫害，怒氣値秒爆，大吼一聲：「司法不公!!」居然自力救濟，飄洋過海追到嫖客家裡，作祟害死他一家老小包括蟑螂在內。嗚呼，一人造孽，雞犬升天。

陳守娘害死他全家之後，意猶未盡，又回臺南繼續到處扮鬼嚇人（咦，等等，她不用扮），府城爲之震動。百姓求助於本地的神明有應公（有應公是誰，後文會再提到），有應公去跟陳守娘打哈哈：「我當年也是枉死路邊，大家都是無主孤魂，同是過來人，太太有話好說……」陳守娘大怒：「太太是你叫的嗎?!叫我姊姊!!」劈哩啪啦將有應公打到變不硬公。有應公敗陣後，百姓又請出臺南永華宮廣澤尊王出面應戰。這尊廣澤尊王可是當年陳永華恭迎來臺，具有無邊法力，最特別的是他是全天界唯一可以翹二郎腿的神明，無敵飄撇帥氣，所以俗稱「翹腳王」（至於爲什麼翹二郎腿，那又是另一個故事了）。

陳守娘一看廣澤尊王應戰，唉呀好小子還給我翹腳，分明是看不起恁祖媽，恁祖媽生前最恨人翹腳。兩方大戰之後，廣澤尊王頗感吃力，勉強平手，這時百姓又請出臺南德化堂觀音大士出面協調。陳守娘開出條件：一、我報仇害死的那些人是罪有應得；但我戴了鐵手套下手不知輕重[109]，不小心牽連無辜者，不能算在我頭上。二、我因守節而死，要將我牌位供入孔廟節孝祠，不然人家不依。觀音大士說既然妳誠心誠意地懺悔了，我就大發慈悲地答應妳[110]，這場神鬼大戰才宣告落幕，陳守娘牌位至今仍在孔廟節孝祠中。這個「陳守娘顯聖」的故事，與「呂祖廟燒金」「周成過臺灣」「林投姐」被稱為「清代臺灣四大奇案」。陳守娘也因此被譽為「臺灣史上最強阿飄」，比聶小倩還猛。至今我們見鬼會大喊「阿娘喂」，就是因為女鬼陳守「娘」的緣故。（再掰嘛！）

鴨母王是養鴨母的王，不是鴨界的女王

好的，回到清代政治腐敗這件事（虧我還記得講到哪）。清代臺灣社會結構已經極多無家室、無田地、無工作的三無份子「羅漢腳」，根本像是一桶

109：PTT鄉民哏。有鄉民宣稱能單挑藏獒，並說：「藏獒真的那麼強？我戴鐵手套就敢跟他打！」「希望飼主先幫藏獒保險，因為我下手不知輕重。」

110：改寫自動畫《神奇寶貝》中火箭隊的著名臺詞：「既然你誠心誠意地發問了，我就大發慈悲地告訴你。」

火藥一樣，隨時都可能暴動。加上這些羅漢腳同舟共濟、同病相憐，經常成群結黨，互相照應，甚至歃血爲盟結拜兄弟（在臺灣玩笑話裡，最高級的歃血爲盟割的是LP血，夠壯烈了吧）。武俠片裡歃血爲盟都怎麼說的？「不能同年同月同日生，但願同年同月同日死」，這樣的互助關係，確實能讓人們在貧瘠的環境中，咬著牙活下去；然而在動亂的時刻，也成爲最大的主導力量。

如果羅漢腳是火藥，政治敗壞就是導火線。受不了貪官汙吏、鷹犬爪牙剝削的底層百姓，終於冒著殺頭的危險聚集反抗政府，造成清代一次又一次的抗官事件，稱爲「民變」。臺灣被清朝統治三十七年後，終於發生了大規模的民變，也就是「朱一貴事件」。

朱一貴從福建漳州移民臺灣，在今日高雄內門養鴨爲業，把鴨子訓練得跟軍隊似的，叫鴨子往東牠們不敢往西，叫鴨子回家睡覺牠們不敢說再玩三分鐘，讓村民都覺得這個阿貴應該是有點厲害，都尊稱他一聲「鴨母王」。當然，除此之外，民間故事還說朱一貴能控制母鴨生蛋的數量、每天殺鴨但鴨群數量不減等特異功能。在民間故事中，天生有皇帝命的人，多少有這種「皇帝嘴」或控制動植物的力量；最明顯的就是明朝開國皇帝朱元璋，據說他還沒當皇帝前，有一日睡在花生田裡，癩痢頭被地上的花生扎得疼，便抱怨「花生為什麼不鑽到土裡呢」，從此之後，花生便長在土裡了。又說朱元璋被仇家追殺，他躲進小羊肚裡，仇家把山羊群一一砍頭找尋朱元璋，剩下小羊沒砍，意外讓朱元璋逃過一劫：朱元璋爬出羊腹，把羊頭與羊身一一接上，有些公羊的頭誤接到母羊身上，從此之後母山羊也會長公羊的鬍鬚了。

明朝皇帝朱元璋可說是漢人歷史上最多這種控制動植物的神異事蹟之人。當時臺灣脫離明朝未久，對於明朝朱元璋之事，不只耳熟能詳，而且還有一種期盼——沒錯，就是清廷最怕的「反清復明」這種期盼。今天居然冒出了一個朱一貴也有這種控制鴨群的本領，而且天下有那麼巧的事情，說出來像編的一樣——朱元璋姓朱（廢話），朱一貴也姓朱（還是廢話），這兩句廢話合在一起，就形成一個鐵證：朱一貴就是朱元璋的後代，要來帶領大家反清復明了啊啊啊!!（那難道朱立倫也要反清復明嗎，也太晚了吧，希望來得及！[111]）

不過把朱一貴馴鴨術視為神異，這恐怕是當時村夫少見多怪了。今日我們在Google搜尋「俄羅斯／鴨」，就可以找到至少兩支影片，證明鴨農發一聲喊，鴨群是可以爭先恐後聚集到特定目的地的，難道俄羅斯人也想反清復明

111：「對不起，我知道，我來晚了，希望來得及！」是朱立倫於二〇一六年競選總統的廣告詞。

嗎？不愧是戰鬥民族[112]。

好的，不管朱一貴馴鴨有術是不是皇帝嘴、朱一貴是不是明朝皇帝後代，大家認定你是那就是了。朱一貴由於不滿官員的苛政，在康熙六十年（一七二一年）與同志們起義，聚眾千人，又結合另一群客家勢力，兩股力量合一，聲勢大壯，不少民眾也紛紛響應，人數高達兩萬多人，其中約有八成都是羅漢腳。

新店家剛開張的時候總有「慶祝行情」，情勢大好，朱一貴與其他響應者幾天內就攻占今天的嘉義以南，大獲全勝。傳說朱一貴打進府城（今臺南）時，有一處剛好有個戲班正在演宮廷劇（不知是哪一齣，總之不會是《甄嬛傳》[113]），朱一貴瞥見大喜，指著戲臺大喊：「就是他們!!拿下了!!」嚇得演員屁滾尿流跪地討饒，後來發現朱一貴只是想剝下他們的衣裳（討厭，你在想色色的事對吧），朱一貴要的正是他們的戲服。然後，朱一貴穿上龍袍戲服，他的部屬們換上文武百官戲服，就在戲臺上，朱一貴坐在道具龍椅接受「文武百官」下拜高誦「吾皇萬歲萬歲萬萬歲」，意興飛揚，顧盼自得。只穿著內衣褲瑟縮在旁的演員們只能傻眼，傻眼到鼻涕都流出來。

112：臺灣常報導關於俄羅斯的怪異新聞，如幼兒園的體育課是光裸上身到雪地玩耍、俄羅斯逃犯打死熊等等，因此被鄉民譽為「戰鬥民族」。

113：二〇一二年在臺灣首播的宮鬥電視劇。

朱一貴：「眾部下，出征吧！
對了，我洗澡用的黃色鴨鴨
呢？」
朱
朱

後來他在府城正式登基，國號「大明」，年號「永和」（怎麼不是新店？），宣布恢復明制，首先就是先把清朝男子後頭那條小辮子給剪了。不過就在登基後不久，內部就開始因為分配利益而內鬨，客家力量出走，演變成閩客械鬥。此時，清廷也派出大軍渡海來臺平亂。由於民變的組成群眾大多不是正規軍隊，講得白一點，連雜牌軍都算不上，基本上就是個烏合之眾，再加上內部分裂鬥爭，兩個月內就被清軍給平定。因此有民間歌謠唱：「頭戴明朝帽，身穿清朝衣；五月稱永和，六月還康熙」。前兩句是指登基倉促，連像樣的服裝都沒有，後兩句則描述這個政權的短暫。人家政權短命已經很悲哀了，不要再唱這種歌開嘲諷[114]好嗎？

嘉義縣政府可以辦鴨母王逃亡路線體驗一日遊

在民間故事裡，清廷派施世驃（施琅的兒子）等率領一萬八千人來臺平亂。在府城的朱一貴領軍北逃，他事先問了軍師，此行將會何如？此軍師有諸

114：原為電腦遊戲中角色的一種攻擊方式，後來在現實生活中取笑別人也叫「開嘲諷」。

葛再世之稱，上知天文，下知地理，還能算出過去與未來，軍師讖曰：「行過崩橋，半天問路，無影厝過暝，倒店食點心。」又說皇上應往有潭、有埤之處去，不可落溝，「鴨母落溝，死路一條」是也。

朱一貴一聽，心悅誠服地了解這個軍師眞的是無可救藥的神經病，便將他炒魷魚了。崩橋（斷橋）能走嗎？半天（天上）有人可以問路嗎？沒有房子怎麼過夜？都倒店關閉的商家怎麼賣點心？

後來朱一貴一路逃到今日嘉義縣鹿草鄉一帶，途中向人問路。「我們剛剛經過的是何處？這裡是哪裡？」人家回答：「你們剛剛走過的是板橋[115]，我們這裡叫做半天[116]。」居然應驗了「行過崩橋，半天問路」的預言。當晚軍隊覓得了民間借宿，一問，當地地名叫「梅仔厝」[117]，用臺語念起來接近「無影厝」。第二天，軍隊喊說又熱又渴，遂覓店吃點心，當地地名煞是有趣，叫做「倒店」[118]。朱一貴這時才嘆服軍師神機妙算，可惜千金難買早知道，親愛的軍師你怎麼不在我身邊。

點心吃到一半，探子慌忙來報：清兵追來了！大家又急忙收拾行李緊來走。這時候是朱一貴人生的抉擇，他可以往「前潭」[119]或「新埤」[120]，因爲朱

115：今鹿草鄉後堀村附近。
116：今鹿草鄉下麻村頂半天、下半天。
117：今嘉義縣太保市梅埔里梅子厝。
118：今嘉義縣水上鄉粗溪村附近。
119：今太保市前潭里。
120：今太保市新埤里。

一貴命格是鴨子（你以為是龍嗎，省省吧[121]），要跑進潭（湖泊）或埤（人工水池）才能獲得自由；結果歹命的阿貴好死不死都沒跑到這些地方，帶著軍隊亂闖，等到氣喘吁吁向路人一問路，路人說這裡是「後溝尾」，朱一貴瞠目結舌，鴨子跑到溝裡已經夠糟了，居然還是溝的尾巴呢。果不其然，清兵在此久候多時，朱一貴隆重落網，押送北京，五馬分屍，不是請午馬[122]來分屍。（好冷～）今日我們搭乘臺灣高鐵時，南下停至嘉義站，往左邊看有個小村莊，太保市後庄里——相傳就是朱一貴兵敗就擒之處。雖然也有一說是臺南佳里的後溝尾，但我覺得還是嘉義的這個故事比較有趣。

民間故事就是求個有趣，當然作不得眞。然而我們可以從這個運用眞實地名與部分史實來編造的傳說，去欣賞先民的創意與智慧。

天地會眞的回來了

朱一貴事件結束後，過了六十幾年，臺灣又發生了一場大規模民變，而

121：也真有一說，認為朱一貴是火龍星轉世。

122：香港知名演員。代表作有《倩女幽魂》的老道士燕赤霞等。

且是縱橫清朝治臺二一一年以來規模最大的一場。這次的主角叫做林爽文。

林爽文跟隨父親從福建漳州來臺，在今臺中大里一帶開墾。他還挺有經營的頭腦，漸漸成爲地方之霸，加入天地會後，在會中也獲得威望，成爲領袖，這算不算俗稱的「天地會總舵主」呢？應該不是，因爲林爽文只算北路天地會領袖，南路還有另一個領袖。天地會啊天地會，沒錯，讓清朝提心吊膽，讓清朝皇帝輾轉難眠的天地會，又出現了。

清朝一直以來頗擔心臺灣成爲反清復明的製造工廠，所以才會有前述的種種移民限制與消極政策。但你也先別笑清廷杞人憂天，在清朝統治臺灣的一百年後，天地會這個跟佛地魔一樣不能說出來的名字[123]，居然重見天日。乾隆五十一年（一七八六年），官府追查臺灣中部的天地會黨眾，天地會份子找林爽文尋求庇護，並共同推舉林爽文出面抗官。林爽文本想低調行事，然而已經有天地會份子憋不住舉兵抗清，清軍也一路打到林爽文根據地附近，情勢已經逼迫林爽文不得不打，於是他舉旗號召，據說高達五十萬會眾響應。（顯然有灌水過，你以爲臺灣像上海一樣全都是黑社會[124]喔？）林爽文殺了臺灣知府，自號「盟主大元帥」，建元「順天」，又登基了（喔更正沒有「又」，上

123：小說《哈利波特》中的反派，在小說中人人畏懼，被稱為「不能說的名字」。

124：出自周星馳電影《上海灘賭聖》，吳孟達叫周星馳在上海灘丁力底下做事，周星馳推辭說他不想加入黑社會，吳孟達說現在全上海都是黑社會。

一次登基的是朱一貴）。此時南路天地會也起義響應，林爽文幾乎控制臺灣全島。

清廷知道消息，又趕緊派兵討伐，但遲遲無法平定。最後派出福康安調了四川、湖南、貴州、廣東四省的兵征臺，才扭轉了局勢。福康安這個名字，如果是金庸小說的粉絲，應該有點印象，他在《飛狐外傳》《書劍恩仇錄》出現過，而且還說福康安是乾隆皇帝的私生子，也是《書劍恩仇錄》主角陳家洛的姪子。福康安率軍登陸，與林爽文交戰，過程先不細講了，總之林爽文兵敗，藏匿於友人家中，被朋友出賣遭逮捕，又被押送至北京處死（喔更正沒有「又」，上一次處死的是朱一貴）。

林爽文事件歷時一年四個月，是臺灣清代最大規模的一場民變，乾隆皇帝對於鎮壓林爽文事件的成就相當自得，列入他個人政績的「十大武功」之一，所以又自稱「十全老人」，你看有多囂張。乾隆要真那麼行的話，打一開始就把臺灣島治理好，不要逼得百姓暴動就好了啊，還十全老人咧，十全大補湯吧。

清廷在事件過後，用了一招來鞏固政權，就是褒獎林爽文事件時協助清朝抵抗的勢力爲「忠」「義」。例如雲林有張姓兄弟，召集鄉勇抵抗林爽文，堅守數個月，與福康安的清軍聯合共同打退林爽文勢力，事後清廷賜地名「褒忠」做爲紀念，意思是「褒獎忠義」。又如諸羅城被林爽文軍隊包圍數月，城中民眾協助清軍固守城池，這件事把乾隆皇感動得一把鼻涕一把眼淚，下令把諸羅改名爲侏儸紀公園，呃，是改名成「嘉義」，意爲「嘉其忠義」。一手拿藤條教訓不聽話的天地會，一手拿糖果獎勵協助清廷平亂的民眾，難怪清朝爛雖爛，還是能統治臺灣統了兩百多年。

中場休息聊一下王大人

在清朝對抗林爽文事件的時候，出現了一個大部分臺灣史教科書都不會提及的人物，但這個人說重要也很重要，說有趣就更有趣，值得來聊一下。這個人叫做王得祿。林爽文事件爆發時，王得祿十七歲，投入清軍抵抗林爽文勢力有功，不斷升官，可謂少年得志。後來王得祿棄陸軍而改當海軍，致力剿滅海盜。

王得祿是清朝治臺二一一年中，官位最高最高的臺灣人。在民間故事中，王得祿出身貧賤，從小父母雙亡，與哥哥、嫂子同住。王得祿人高馬大，身強體壯，可惜不務正業，在地方遊手好閒、魚肉鄉民，生平只怕一個人，就是他哥哥。有一日他又在外頭惹禍回家，王哥哥大怒，拿了一只染布用的菁桶蓋住王得祿，把他關在裡面。染布用的菁桶是木頭做的，非常巨大，把人蓋在裡頭綽綽有餘，王哥哥出門工作前，還搬了一塊巨石壓住菁桶，讓王得祿不得逃出（王哥哥能搬得動王得祿都掀不開的巨石，原來王哥哥才是高手）。俗話說「長兄如父」，那長嫂就像母親一樣偉大了，王嫂嫂不忍心王得祿整天被關在菁桶裡，又怕他悶死餓死，便煮了一些食物，將菁桶掀開一條縫（王得祿掀不開的巨石，王嫂嫂居然掀得開，原來她才是高手高手高高手），輕聲呼喚：「阿祿仔，吃飯囉～嫂子煮了你愛吃的餃子喔～嫂子賣餃子～實在好吃耶～嘴裡吃的是餃子～心裡……」[125]這時歌聲突然中斷，王嫂嫂愣住了。

菁桶裡沒有王得祿，只有一條睡著的大蟒蛇。身爲偉人的嫂嫂，當然不會有救命啊有蟒蛇溜進來把阿祿仔吃掉了的誤會，她有足夠的敏銳度——更準

125：吳宗憲常念唱的順口溜，全文為：「嫂子賣餃子，實在好吃耶～皮薄餡多滋味好，實在好吃耶～漢子吃餃子，實在好吃耶～嘴裡面吃的是餃子，心裡面想的是嫂子～實在好吃耶～」

確的說應該是「偉人雷達」——王嫂嫂判斷：蛇就是「小龍」，小龍雖然不是龍，但好歹也沾了個龍字，雖不是九五之尊，但勉強也有九四九三之尊，再不濟也有個九二加滿吧。經過這件事情，王嫂嫂認定王得祿將成大器，便留意栽培他。

當時沿海有海盜作亂，清廷貼告示要徵兵，王嫂嫂便鼓勵王得祿從軍。王得祿說可是我沒有鞋子啊，在鄉下大家都是赤腳跑來跑去的，在戰場可不行。王嫂嫂去市場找了半天，都沒有王得祿穿得下的鞋子，因爲他實在太高大了，腳也是XXXXXL的賽史[126]，王嫂嫂只好熬夜幫王得祿編了一雙特製草鞋，讓王得祿穿去當兵。

到了軍中，因爲王得祿比人家高了三顆頭，便讓他擔任舉軍旗的重任，也就是在戰場上高舉大旗，讓軍隊跟著跑的工作。但是當過兵的男生都知道，王得祿會做這項工作其實不是因爲他最高，而是因爲他最菜，所以被推到最前面當砲灰。總之一群傻兵浩浩蕩蕩跑去海邊跟海盜對峙，一聲令下，清軍往海邊殺，海盜往內陸打，血肉橫飛，好不熱鬧。

然而這些臨時徵來的雜牌軍，當然比天天在刀尖上舐血的海盜更弱雞一

126：size，尺寸。

點，清軍立即決定轉進內陸，所謂轉進就是向後轉再前進的意思，俗稱撤退。這麼一來，王得祿這舉旗手反而落在最後了。就在此時，王得祿低頭一看，我的草鞋呢?!腳上草鞋怎麼少了一隻?!驀然回首，草鞋卻在燈火闌珊處，喔不，在屍橫遍野處。剎那間，阿嫂對自己的恩情如跑馬燈一般閃過腦海：「我家阿祿仔是好孩子，都是朋友帶壞他的。」「來，今天的餃子有蝦仁喔。」「唉，這孩子怎麼發燒都不退呢？」「衣服脫下來，我幫你補補。」「阿祿仔，這雙草鞋給你穿，打不過人家記得要跑喔。啥？沒有啦，沙子跑進我眼睛而已。」

於是王得祿仰天長嘯，爆出了臺灣清代史戰場上最霸氣的一句話：「那是我阿嫂編給我的鞋子耶!!」

於是王得祿轉身奔回戰場撿他的草鞋，渾然忘了肩上還扛著那面大旗。清軍在亂中偶一回頭，咦？怎麼軍旗又回去了？不知是哪個傢伙突然興奮大喊：「援軍啊！援軍到了！反攻了啊!!」所謂害死人不償命就是這種人，大家一看軍旗如入無人之境，必定是有大軍支援才有這等神威，於是人人跟打了禁藥一樣，傻傻提著兵器回頭又上了。海盜那邊本來追殺官兵追得不亦樂乎，看到清軍又突然反擊，趕緊踩煞車思考一下這在演那一齣。突然有個想太多的傢伙驚恐大喊：「遇強則屈，借花獻佛！」沒錯，賭神高進的招數又來了，一時之間海盜陷入驚恐，以爲是清軍的欺敵之計，前面海盜踉蹌後退，中間的海盜互相踏死，後頭的海盜被擠到海裡，不用作戰就先亂了。等王得祿終於找到草鞋，清軍已經大獲全勝，大家歡欣得把他高舉往上拋呢。

王得祿從軍後，除了打海盜，又打山賊，結果上報他的功績時，皇帝把「一日平山，一日平海」看成「一日平山海」，不禁稱讚眞神人也，於是王得祿的名頭更加響亮。至年老時，當官當到太子太保的頭銜，已經是清朝最高級官員了（從此他的故鄉改名爲「太保」，即今嘉義縣太保市）。他的墓園在今日嘉義縣六腳鄉境內，是國家一級古蹟，當地人稱爲「王大人墓」。至於他的死，民間故事也很多，多到比他活著的故事還多，什麼偷看皇帝而降罪、吞金自殺、棺材出殯橫扛、石人半夜走路、石羊石馬吃秧苗、絲線吊銅鐘穴、銅針黑狗血破風水、王家女婿必須身長過人摸得到墓碑後襯石……礙於篇幅我無法寫出來，有興趣的讀者可以自行查詢。

不過，史實上的王得祿雖然功績彪炳，在民間傳說中卻塑造成有點荒謬可笑的形象；除了可能是鄉下窮苦農民，嫉妒其富貴而編造出來詆毀他，我想這些故事多少是基於對貧困大衆的同情，對於在林爽文事件中，幫助官方鎮壓人民的王得祿，並不十分諒解。林爽文事件，我們也可以從這立場去思考：林爽文是革命志士，還是亂黨反賊？

今日拿西瓜刀械鬥的小屁孩看到正港械鬥保證閃尿

這些動亂還不夠慘？好，那再來個大亂鬥吧。除了人民反抗官府的民變之外，臺灣清代還有個特產，叫做「械鬥」。簡單的講，械鬥就是百姓之間爲了保護利益或爭奪利益而動刀動槍的火併，動機有很多種，方方面面，包括搶水、搶土地、搶生意，這三種算基本款；還有比較低級一點的偷農作物、賭博糾紛、喝酒糾紛、爲同伴出氣等。而且整個清代大小械鬥打不完，我有次爲了找某一年的械鬥資料，發現光用網路搜尋就能找到該年有四地發生械鬥，根本是往內互打打免錢[127]。

因爲臺灣有許多東西向的河流，把臺灣平原切成一塊塊，彼此聯繫不

127：模仿電信廣告「網內互打打免錢」。

便，加上大家都是耕田的，基本上畢生活動範圍就是那小圈圈，因此清代前期的社會是挺封閉的。而各村子的住民由於大多是從大陸同一個原鄉來的，甚至很多是同一個家族父子、叔姪、堂兄弟相邀渡臺，所以造成臺灣的聚落常是諸如泉州南安黃家、漳州長泰陳家、廣東惠州姜家等等組成的，產生許多這種與姓氏相關的地名如劉厝埔、蔡厝庄、彭厝等。到現在臺灣的鄉下地方仍有種特色，例如我讀國小的時候，班上近三十人，就有一半以上姓黃，牽來牽去，大家要不就同祖公，要不就是同祖籍。

這樣社會形態的好處是大家能互相照應，互相扶持；壞處是排他性極強，一人被辱，全村動員，加上先前提過的陽盛陰衰背景，一打起來根本不是現在新聞報導的什麼不良少年在KTV打得一人顱內出血而已，死上幾個人是最基本的了，嚴重的還有兩村連打三年，有的甚至能推出大砲出來，根本是戰爭層級。嘉義縣東石鄉三家村福靈宮內就供奉一尊大砲，名曰「鐵嘴將軍」，就是當時與鄰村發生械鬥時，用來嚇阻他人的武器。想來清代擁重兵的村莊大概不少，因爲我故鄉也有一尊，到了日治時代，怕日本人沒收而埋到土裡，至今百來年了，村民都還知道那個誰家的田底下有大砲。這種治安亂到極點的情況，現代人是很難體會的，就如同我們無法想像里長從家裡扛出一管火箭筒大吼：「隔壁里的你又偷接我們活動中心的Wi-Fi!!吃我一炮啊!!」

械鬥之後，如果死太多人，就直接往河裡拋餵魚去。土虱是肉食性魚類，最愛吃人的腦子了，軟軟綿綿，像布丁一樣，吃完的頭顱骨還能當現成的窩；這也造成械鬥結束後，河裡的土虱特別肥美，是老饕的最愛。如果好一陣子沒有死人可丟河裡，這些吃貨們還會抱怨：「土虱好食，死人頭無遐濟。（土虱雖好吃，可惜沒那麼多死人頭來餵。）」這句話眞是黑色幽默到家了。常言道「人心不古」，我們其實可以從歷史故事中確定一件事：古人的心腸也沒多好。

械鬥所造成的影響，除了財產生命的損失之外，也常造成族群的遷移，比如說原本住三峽柑園一帶的客家人與福建安溪人械鬥落敗，遂遷徙到今桃園中壢、楊梅。原本在今彰化的客家人，因漳泉械鬥受牽連，搬到今臺中東勢及苗栗。而在這番火併之後，兩村（同時常常也是兩姓）之間仇恨越結越深，雙方家長常常發毒誓吾家子孫世世代代不得嫁娶某姓子女云云。讀者有興趣可以問問家裡長輩，自己家有沒有這種慣例，但我想還是別問的好，問這個根本自找麻煩。萬一一問之下自己的心上人剛好就是那個不能結婚的某姓，那也沒關係，有一個折衷破解法。

我記得多年前曾看到報導，一位鄭姓男子欲娶施姓女子，男方家裡不同意，原因是鄭家乃鄭成功後代，發過毒誓一年之內不能承認自己是賭神[128]（打出「發過毒誓」四字之後接下來的句子突然就浮現了，我的腦袋還眞詭異啊）……我是說發誓永世不能嫁娶姓施的，因爲當年鄭成功跟施琅的梁子結大了。可是小倆口恩恩愛愛，你不讓人結婚等一下相約跳愛河怎麼辦，所以施女改從母姓，那就不姓施啦，這對新人就歡天喜地結婚去。（不過我好奇若施女之母也姓施怎麼辦，換男方改姓？）但要提醒一下，家族有不跟某姓通婚的習俗，也不見得是械鬥結仇，有時是因爲兩姓在過去是同家，血緣太近等等（但同家可能已是一千年前的事）。不過我是認爲，現代人沒什麼必要遵守這種傳統束縛就是了。

128：周潤發電影《賭神2》裡面的橋段。賭神的第二任太太（跟前任一樣還是張敏飾演）被殺，死前要求賭神一年內不能承認自己是賭神。

搞清楚哪些是陰廟拜拜小心點

接連不斷的大小民變、械鬥，加上政令不彰產生許多海盜、土匪；直到清末外國傳教士來臺，他們的紀錄還常會提到遭搶的事，甚至有「漢人島民，是天生的土匪海盜」之評論，若我有時光機可以回到過去，清代肯定是我最不想去玩的朝代。在這種時代背景下，三不五時在路邊看到無名屍骸，也似乎不足為奇了。

路邊有無名死屍，在現代來講，首要關心的當然是確認身分、死因；但在古代，好好埋葬他，似乎比確認身分死因重要。埋葬無名死屍是有幾項原因的：首先是丟置路邊任其腐爛，容易傳染疾病。再來是出於人道的憐憫。不過最重要的因素，恐怕是畏懼冤魂出來作祟。也就是怕鬧鬼；因為西洋人怕鬼，中國人也怕鬼，七月又稱為鬼月，所以七等於鬼，你娶妻就等於娶到鬼～恐怖額～恐怖到了極點額～～[129]也因此有了「有應公」「大衆爺廟」等廟宇。這種廟宇祭拜因械鬥、疾病而死的無名死屍（大多是羅漢腳），讓他們有香火供奉，不致成為野生阿飄；這在傳統習俗上屬於「陰廟」，有些人認為拜這種

129：這是藝人郭子乾模仿作家司馬中原講鬼故事的橋段。

比較靈驗，但願望達成後一定要還願，否則就準備上演眞人版《七夜怪談》130了。另外有一種「姑娘廟」，祭祀的不一定是無名女屍，有些是早夭或未嫁的女子。總歸一句話，以前的人眞的很怕死後當野生阿飄，想盡辦法就是要生出或找到人幫自己燒香。所以「路傍屍」「死了無人捧斗」成爲罵人最惡毒的詈語。

械鬥的情況一直到清末才漸漸減少，到日治時代消失。主要原因有幾項，第一是對於「在地」的逐漸認同，不再強調「祖籍地」，有句俗話說「金門不認同安，臺灣不認唐山」，意思是移民的後代住久了之後，日久他鄉即故鄉，對於祖籍沒有那麼強烈的歸屬感。第二是隨著新移民不斷加入，臺灣的族群變得越來越複雜，必要的接觸也越來越多，如果每次跟外人接觸一次就要開打一次，那等於每天打不完。第三是日本人來了之後，原本互鬥的族群因爲找到了共同的敵人，於是放下仇恨。就像有句話說：除非外星人來襲，否則世界各國不會誠心合作。第四是日本人有極端優勢的武力，你們兩村再給我打打看啊？信不信我出手把你們滅了？

130：日本恐怖電影，著名橋段是女鬼貞子從電視機裡爬出來向人索命。

從我不把你當人看到我把你當人看[131]

當然清代臺灣不盡然都是悲慘世界，兩百多年中還是有不少積極建設的部分。例如開墾土地、修建水圳等等，讓漢人越來越多，田地越來越大，但也讓原住民越退越山裡。事實上原住民的神仙快活日子，從本書第2章就結束了，從荷西、明鄭到清朝，沒有一個政權是尊重原住民的。而漢人開墾的水田除了長稻米也養了病媒蚊，漢人身上又充滿原住民沒接觸過的病菌，與漢人住隔壁的原住民紛紛染上怪病束手無策，依賴漢人給予藥材醫治，於是開始與漢人合作。與漢人住在一起的原住民，後來也歸順清朝、乖乖納稅的，稱做「熟番」。清朝管不到的山區和臺灣東部原住民，稱為「生番」[132]。

與漢人同住的「熟番」，因爲被大量漢人包圍（據估計，清末時臺灣漢人有兩百八十萬人，原住民約十六、七萬人而已），住著住著自己也長成漢人的形狀了。這過程包括文化上和血統上的。從文化上來說，「熟番」與大量漢人居住，勢必也漸漸學會臺語或客語，自己的語言慢慢就不會講了（不必笑人家，我們反省一下還會講多少阿祖的語言）；到後來衣著、住家、節慶也跟漢

131：二〇〇七年，前總統馬英九向新店溪行水區內的溪洲部落原住民說：「我把你當人看，我把你當市民看，要好好把你教育，提供機會給你，我覺得應該這樣子做，所以我覺得原住民的心態要從那個地方調整，我來到這個地方，我就要照這個地方的遊戲規則來玩。」

132：「番」字有歧視意義。但以下為呈現當時的原始觀點與稱呼，請容許我暫用「生番」「熟番」這兩詞。

人一樣，甚至改了漢姓、進了官方辦的原住民學校「社學」讀四書五經，編了族譜也自稱是三皇五帝的後代等等，「熟番」基本上就已經與漢人無異了。

等一等！啊原住民的長相跟漢人差拿～～摸多[133]，還是看得出來啊！是沒錯啊，可是「熟番」跟漢人結婚之後的下一代呢？嗯，還是有點像原住民，眼睛大大的。那再跟漢人通婚所生的第三代呢？嗯，有點瞇瞇眼了喔。第四代，哇，鼻子扁掉了喔。隨著不斷混血，「熟番」的後代也越來越像漢人。終於到了今天，我們早就分不清誰是漢人、誰是平埔族，更準確的說，幾乎沒有純漢人或純平埔族了。

而在山上的「生番」，由於不願或尚未與漢人同住，還在過化外之民無憂無慮的日子，除了偶爾出出草砍掉闖進「生番」地盤的漢人引起糾紛之外，沒什麼好煩惱的。可是你不煩惱，漢人和官府很煩惱啊！由於漢人在清代兩百多年間不斷移入，移入後又不斷生崽子，只好越住越裡面，闖入原住民的範圍，經常引起糾紛。後來官府只好出面調停，劃分漢番界線，就跟我國小時跟女生坐同桌，中間要畫一條線一樣，誰的手敢越界，就拿尺劈下去。（後來我的小指失去知覺整整一學期……）

133：「那麼多」，模仿原住民腔調。

這種劃分界線的方法，當然不是在地上噴漆，而是立碑標記。臺北捷運石牌站有一塊「漢番界碑」就是見證這段歷史。另一種方法是在界線挖一條溝，約一兩人深，挖出來的土石堆在溝旁，遠看像是一頭牛趴著，所以叫做「土牛溝」。因為土牛溝通常是土挖一挖了事，沒有特別另造建築補強，經過一、兩百年，至今大多已湮沒不顯，或被人用土塡平，僅存的土牛溝並不多見。

清朝劃定界線的做法，看似皆大歡喜，然而仔細一想，不對吧！你這樣不就等於把原住民關在裡面了嗎？這跟動物園把獅子關起來然後跟遊客說「裡面的猛獸很凶喔，手不要伸進去，請勿餵食」不是一樣嗎？你身為政府層級，做的事情應該是想辦法讓全島的人有公平的待遇，攜手合作共赴未來，結果清朝做的只是把原住民用個無形的籠子關住，然後跟漢人說「好啦他們出不來了，你放心了吧，你也不要進去喔，被咬了我不知道喔」。這個政策把清朝消極的治理態度暴露無遺，尤其明顯表現出「『生番』不是我們大清國國民，他們只是長得有點像人的野生動物」的心態，這一點到後來清末被外國人識破，針對這缺口加以利用，造成了改朝換代這麼嚴重的後果，容後再說。然而，當時全世界強權沒有人把原住民當一回事，美國對印地安人也很糟糕啊，只能說清廷這樣處理，一定程度上也是歷史共業就是了。

不過對於漢人和原住民誰比較野蠻，也眞的是很難講。漢人闖入原住民領域會被出草，原住民闖入漢人土地更慘——會被吃掉。你沒看錯我也沒寫錯，眞的是吃掉啊！從清代到日治都有紀錄顯示，漢人若殺了原住民，舉村歡慶，秒殺完食。比較共襄盛舉的吃法是煮「番仔湯」，吃不到肉的人至少可以喝口湯；而骨頭慢慢熬成「番膏」，漢人相信藥效極補（不知《本草綱目》有沒有紀錄），可以賣很高的價錢。番肉也可秤斤秤兩賣，一兩二十文錢[134]，說是吃了番肉不會被出草（應該是吃狗肉的人不會被狗咬的延伸概念）。據說甚至還有做成醃肉外銷到福建的，顯然大陸漢人也很信番肉進補這一套，搞不好連這是涼補還熱補都研究出來了。唉，漢民族老愛提什麼「人心不古」「禮義之邦」，全世界都笑了。

134：基於好奇，我查了一下當時二十文大約等於現在新臺幣幾元的購買力。清同治年間一斤花生油是七十一文，現在花生油一斤約三百元，約略估計清代一文等於新臺幣四到五元的購買力。如此算來，番肉一兩二十文錢，等於一兩新臺幣快一百元，一斤（十六兩）番肉就是一千六百元，約是最近豬肉價格的十倍。這是算個滿足好奇心的，完全不嚴謹。

臺灣人民自食其力居然發展得也還不錯

雖然說清廷消極，大衆愚昧，但進入十九世紀之後，臺灣也入清發展一百多年，該開發的地方都開發了，甚至許多河口海邊興起了港市，成爲富裕的聚落。清中葉有名的「一府二鹿三艋舺」就是敘述清朝三大港市：府城（臺南）、鹿港和艋舺（萬華）。這時候海運已經比過去發達許多，甚至搭船往來臺灣南北各地，比坐牛車行路、搭竹筏過溪還來得方便，能夠讓船隻停泊的港市，因此成爲新興經濟中心。

當時清朝已經是鎖國狀態，因爲早在康熙年間，就因爲西洋傳教士要求教徒不拜祖先、不祭孔、不祭天等因素，與中華文化價值觀牴觸，康熙皇帝下令禁止傳教士傳教，雍正皇帝更嚴格執行禁教。後來又因爲海盜猖獗之故，清朝實施海禁，寧可不與外國人通商，只開放廣東給外國人進來交易意思一下。原本從荷西到明鄭時期，賣特產到全世界的臺灣，在清代便斷了國際貿易的通路，因此只能與中國大陸買賣。當時從臺灣賣到大陸去的貨物，大多是稻米、蔗糖。一趟船跑到大陸去，若是空船回來那就太傻了，應該要在大陸買些臺灣沒有的東西回來賣，所以在大陸通常會運一些中藥、布料等回來。但是中藥和布料都是體積大、重量輕的貨品，把船艙裝滿船還是太輕，若遇到風浪容易翻覆；因此常額外拿些石頭磚塊上船，叫做「壓船石」，目的是穩定船身。

這些石頭運到臺灣，想搬下船就搬下船，要拿來鋪路或蓋房子都行。至今我故鄉路邊還常看到這種長條的花崗岩，常被民家拿來當椅子或階梯用。聽說以前臺北新莊街道也鋪滿了壓船石，後來日本人來的時候嚇了一跳，因為在日本，路面鋪石頭可是有錢的大都市才有的規格。如果壓船石懶得搬下船，就直接拋到海底行了。聽說有地理學家曾經因為在海底發現臺灣當地不產的石頭，還以為是學術上的新發現，這就是壓船石開的大玩笑。

從剛開發時由地方豪強做為領袖，到後來漸漸隨著社會開發轉型，轉為由考取功名的士紳階級成為地方領導人，「讀書」是一條必須之路。千萬不要以為古早臺灣人都不讀書的，事實上臺灣傳統文人還眞不少。從明鄭時期我們談過的沈光文開始，到清朝會作詩的官員來臺留下詩文（前面我罵清朝官吏的時候有提到：「在上位者泡他的茶吟他的詩」對不對？我寫這個都有埋伏筆的啦），後來漸漸也越來越多臺灣土生土長的讀書人出現。例如「開臺進士」新竹鄭家鄭用錫，他是臺灣第一個本籍進士，非常鳥不起（比「了不起」更厲害的程度叫「鳥不起」）。在這裡要簡單講一下考科舉的過程，才能想像有多鳥不起。

最後講一點一般臺灣史不會談的東西

首先在臺灣的學生要先能考得上「儒學」這種專門培養人才的官方學校，考得上儒學的學生就是我們常講的「秀才」，其實不是什麼官職，只是科舉制度上最基本的階級而已，不過至少還是有一些特權的[135]。然後要去參加省級的「鄉試」，請注意，當時臺灣還只是福建省下的一塊島，自己並不是省喔，所以臺灣人參加鄉試時，得搭船到福建省會福州應考（也有考生因此遭船難的憾事），考過的人叫做「舉人」；國文課本裡大家很熟的「噫！好！我中了！」就是在這階段[136]，在這階段就有資格當官了（雖然不見得有缺額）。鄉試過了，才能參加京城的「會試」，就是我們在古裝劇常看到所謂的「進京赶

135：好比周星馳在電影《威龍闖天關》飾演的宋世傑是秀才出身，見知縣不用下跪；後來他裝瘋得以出來與巡按大人見面的時候，只是行個禮並不下跪，其他官員因此斥責：「本官提醒你，你已經不是秀才身分了！」「沒錯！見到巡按大人還不下跪！」另外在電影《九品芝麻官》中，方唐鏡是舉人出身，在與周星馳鬥嘴「大什麼大」的段子中，說出「我堂堂一名舉人，你敢叫我賤人？」的話，且方唐鏡也沒下跪。呈現科舉考試考得好，就算沒有官職，還是有一定特權的樣貌。

136：出自清代吳敬梓小說《儒林外史》，常收錄為國文課文，「噫！好！我中了！」和「該死的畜生！你中了什麼？」是其中名句。

考」（不過劇裡的書生大多半路就遇到女鬼了），考過了叫做「貢士」。會試這關過了，就是挑戰大魔王，叫做「殿試」，television。殿試的考卷要經過八位主考官閱卷，挑出寫得好的文章給皇上裁決，連這裡都過關了才叫「進士」。不過在民間故事中，殿試的最高潮通常是皇帝親自口考，會考什麼鬼完全沒有人知道，有可能是要你即席做一首詩，有可能要你對「我上等威風，顯現一身虎膽」[137]的下聯等等。而鄭用錫就曾一路打到殿試，時隔一百九十年仍值得我們起立鼓掌。不過鄭用錫的進士是皇上有一丁丁放水的，因爲當時臺灣地處偏遠，清廷爲了鼓勵臺灣考生，規定臺灣的舉人只要有十個進京趕考參加會試，就保障一位進士名額；在「集滿十個舉人點數就送一個進士」的優惠活動中，鄭用錫正是那第一位獲得保障名額的進士。

我有幸在朋友家親眼看過一批新竹鄭家收藏的字畫，根本就像看臺灣歷史博物館的展覽一樣，清代中葉到末期、日治乃至戰後的書畫名家都有。這位藏家是新竹鄭家後人，不過跟你我一樣是老百姓，差別在於我除了老百姓還是老百姓，他是一個家裡有祖傳國寶的老百姓而已。新竹鄭家的後代，今日最多人認識的，應該是電視上的型男主廚詹姆士[138]。

137：周星馳電影《唐伯虎點秋香》裡唐伯虎與對穿腸的名句。

138：「詹姆士」本名鄭堅克，是經常在螢光幕前露臉的廚師。

那麼當時的人都讀什麼書呢？我有一張多年前在新莊國小校史室高清無碼潛入盜攝（咦）的書影，是大約一九二〇年代新莊國小（興直公學校）教師編輯的《鄉土教授資料》影印本；從裡頭的紀錄可以知道臺灣人受教育的進度：約七歲入學，學習典籍、詩文、書法三大類別，熟讀四書五經打底，練習詩文以求能寫詩乃至八股文，並練習寫得一手好字，畢業後再不濟，還能替人寫寫春聯。當時已經進入日治時代，中國那裡也進入民國了，早就沒有科舉制度，但民間私塾還是研讀著科舉專用的八股文。

以前的人，到私塾讀書不外乎兩個目的：一是十年寒窗一直讀下去，讀到喊一聲「噫！好！我中了！」去當官（或瘋了）爲止，這是走科考功名的路子。另一種是家裡沒那麼多銀彈供你讀書，也不敢奢想你能讀到學富五車進京趕考，所以就把孩子送到私塾讀一兩年，基本漢字都學會了，就可以大喊「大家可以回家啦」[139]，至少出社會還能幫人代書寫信或幫人記記帳，不必一輩子當青盲牛掘田土。如果只是想學會怎麼記帳、幫人寫信等基本技能，沒有必要學習詩文和八股文。可以研習記帳專用的教材——「雜字」。所謂「雜字」，就是把經綸濟世、道德情操、史地掌故這些深奧的學問放一邊，專心強調「實

139：港片《力王》的結局名言，主角力王憑著暴力把監獄圍牆打爆，放大家自由的臺詞。奇怪的是力王喊完後，只有他自己回家，他的獄友還留在監獄裡原地跳動。

用」的識字教材。

私塾結業之後，出社會正式成爲窮酸臭老九，可以找什麼工作呢？傳統上而言，文人通常兼習「五術」，也就是山醫命卜相，山是看風水（亦有人說是養生煉丹的仙道，不是灌籃高手那個仙道啦[140]）、醫是漢醫、命是星象、卜是卜卦、相是相術。因爲這些五術的學問大多有書籍傳世，而一般人根本不認識字，有能力閱讀書籍的人正是這些讀書人，所以傳統讀書人大多兼幫人算命看風水等餬口。還有些是當私塾的老師，或者自己編課本，又可賣書賺錢，也可以做自己的教材。不過，以前有能力讀書的人，其實不少家裡就有產業（眞正沒錢的人根本讀不起書），所以傳統讀書人從事的行業，從農夫到醫生到開店等各行各業都有可能。

就這樣，我一路東拉西扯、指南打北、指桑罵槐、拖泥帶水的講，講到這裡也交代了清代臺灣前一百九十年的故事。清代還有最後二十年，這二十年的巨大變革，值得另闢新章節來講。

140：漫畫《灌籃高手》中有個角色名叫做仙道彰，很有人氣。

來不及講的故事，請搜尋關鍵字：

郁永河／大甲西社事件／吳沙／戴潮春／清代三大圳

第5章 現代化就像轉大人，有點尷尬害羞但不能回頭了

外國看臺灣是寶，清國看臺灣是草

清朝治臺二一一年，前一百九十年大多是放著給臺灣人自生自滅，可以說只有最後二十年比較認眞治理。（清廷表示：「那是因爲我認眞起來，連我自己都害怕！」）這個認眞治理的結果，是把臺灣更推向現代化。不過在講清廷認眞起來之前，我們還是得把時間倒退一點點，看臺灣是怎麼開始現代化的。

先前提過，臺灣在長期開墾後，人口越來越多，市場越來越大，與大陸的貿易也越來越密切，在港市更興起一種行業，叫做「郊行（ㄏㄤˊ）」，也可以倒著念，叫「行郊」，就是進出口貿易組織，左右了臺灣的經濟。除此之外，清廷也在臺灣設了「正港」，也就是官方許可的通商口岸，從最早只有臺南鹿耳門設置，接著加上鹿港，後來在臺北、宜蘭等地也設了正港，以利貨物稽查與抽稅。所以臺語說這東西如假包換，會形容爲「正港的」，意思就是這東西是從正港進口，經官方查驗過，絕對不是走私盜版山寨黑心貨啦。

雖然臺灣已經成爲供給大陸稻米、蔗糖的補給站，臺灣的需求市場也越來越大，但清朝還是只將臺灣看成是福建省底下管轄的一塊海島而已。倒是西洋人對臺灣另眼相看，因爲他們著眼的已經不是「國內」，而是「國際」，他們看中了臺灣的交通與利益，從十九世紀開始便不斷找機會來臺灣逛一逛。好比說一八四〇年發生鴉片戰爭，英軍也順便逛到基隆來（有沒有那麼順便），後來幾年也還來逛過好幾次。

再說美國吧，美國一直以來都是長輩拿來羞辱（說錯，是勉勵）我們的榜樣，好比說：「你英文都補到哪裡去了，人家美國小孩五歲英文就嚇嚇叫！」「你在睡覺的同時，美國人正在勤奮地工作你知道嗎？人家就是有競爭力國家才強大。」這麼威的國家當然是挺有遠見的。十九世紀有一位美國海軍艦長叫培里，他在日本史上赫赫有名，因爲他率領四艘軍艦長驅直入江戶灣，逼迫日本開啓國門放棄鎖國，也造成了後來日本現代化的開端，在日本史上這叫「黑船事件」，隨便問一個日本人都知道。這個培里呢，事實上也來過臺灣，發現基隆一帶蘊藏煤礦，適合當成美國來到東亞的休息站與燃料補給站（當時已開始使用以煤炭爲動力的輪船）。在黑船事件過後三年，培里在美國出版了一本厚達千頁的報告書，裡面有三張地圖跟臺灣有關：一張是臺灣島加澎湖地圖，是美國史上第一張臺灣地圖；另一張是寬八十六公分、高六十公分，超大張的基隆港地圖；第三張則是標明何處有煤礦的地圖，顯然圖謀不軌。培里還跟美國總統建議過，要把臺灣占下來當殖民地。（我知道有人在嘆氣說怎麼沒有占領呢，麻煩你們有點骨氣好嗎？）

當外國人都覬覦著臺灣這塊十字路口的黃金百萬店面，只有清朝傻傻的還維持著那種舊貴族的窮酸尊嚴，以為我好大你好怕，我大清國還是世界中心，歪果人不過是貪圖我的銀兩圍在旁邊的蒼蠅，臺灣不過是負責出產米糖的邊疆鄉下。兩邊觀念眼界差那麼多，想當然耳要不發生事情都難似登天了。

鴨肉切片叫鴨肉片，不是鴉片

長久以來，西方各國對於明、清帝國都還抱著敬畏的態度，畢竟支那（China）這民族已經威了幾千年，什麼秦哪漢哪唐啊都是強盛到不行的朝代。而支那的種種智慧、工藝成就，無論是工業、農業、軍事、天文、經濟、文學、數學、美術等等都長期領先於全世界，而且還是領先幾百年的程度。所以歪果人雖然看著留著醜辮子瘦骨嶙峋的清國人吸鴉片，也不禁懷疑這傢伙眞有那麼強嗎？但是聽說在支那法律規定人人都會武功[141]，歪果人生怕被五步穿心掌（The Five Point Palm Exploding Heart Technique）[142]打中橫死異鄉因此遲遲不敢造次。然而歐洲國家在工業革命後，工廠大量製造出來的商品極需清國這種人口龐大的市場來幫忙消耗，因此很想打通清國市場來發財。最後終於讓英國人找到在清國大發利市的商品——鴉片。

鴉片在中國本就是藥材，李時珍《本草綱目》就有相關紀錄，不過當藥用的鴉片是用吞的；後來有人發明了用菸斗吸食的方法，一切就變了調，隆重成爲毒品。鴉片在今日的毒品分類中，屬於危害最嚴重的一級毒品，製造、運輸、販賣者皆處死刑或無期徒刑。

不過在清朝的時候，鴉片是假借藥品的名義進口，因此買賣者都正大光明，躺在又像床又像椅子的「菸榻」上吸食，不分男女老幼都來一口，眞是天倫之樂樂何如。甚至因爲鴉片價値高、體積小、重量輕，一定程度上可以當成錢來使用，出遠門的人也因此樂意帶鴉片出門。所以鴉片在清朝，當眞是送禮

141：忘記是李連杰的哪部片了，外國計程車司機問他「在香港，人人都會功夫是嗎？」李連杰回答：「沒辦法，法律規定。」

142：電影《追殺比爾》中最後的絕招。

不管他嗑了什麼，
都給我來一點！

自用兩相宜，居家旅行的常備良藥。

後來有官員發現不對勁。危害健康、道德淪喪等問題當然不在話下，在經濟上而言，原本清國銷售蠶絲、茶葉給英國人，只有咱們賺歪果人的錢，沒有在花錢的；但自從英國賣鴉片進來後，中國的銀子大量被英國人賺走，甚至已經到了鬧銀荒而導致通貨膨脹的地步。於是才有道光年間林則徐銷毀鴉片的事件。

林則徐銷毀上萬箱鴉片，這件事自然讓英國佬跳腳，清、英兩國局勢更加對立，於是在一連串越演越烈的糾紛之後，一八四〇年，雙方終於開戰，史稱「鴉片戰爭」。最後清廷投降，開啓了中國現代化的大門。

當時被霸凌還沒有〇八〇〇可以打

世界各國本來以爲清國是頭「睡獅」，以前都會互相告誡說別以爲支那看起來 so-so，但其實惹不得。經過鴉片戰爭之後，大家才知道這頭睡獅可能眞的睡太久了，腳都麻了，跟家裡發生火災的阿伯一樣，腳麻了是要怎麼爬起來啦？[143]於是大家膽子大了，有仇報仇，沒仇練功夫，成爲世界各國聯合霸凌清國的開端。

鴉片戰爭之後，清、英的接觸更多，糾紛反而也多。英國想要更多通商與傳教的機會（不得不佩服歪果人眞的很愛他們的信仰），於是英國在咸豐年間聯合法國一起來，一打不得了，打到北京城了，基本上等於在敲皇帝的房門問：「Hello, anybody home?」這是清國有史以來從未有過的挫敗，逼得只好出來簽了《天津條約》《北京條約》。順帶一提，在北京與英法聯軍決戰的清軍將領叫做僧格林沁，也就是周星馳電影《武狀元蘇乞兒》裡面出來陷害周星馳的那個小鬍子。不過正史上的僧格林沁最後並沒有被貶爲乞丐，人家功績彪炳得很（雖然在英法聯軍輸了），最後死於征討捻亂的戰場上。

以上一連串戰爭，大多在離臺灣千里之外的地方進行，與臺灣似乎毫不相干。然而就是有了鴉片戰爭，才有英法聯軍，有了英法聯軍，才有一八六〇年簽訂的《北京條約》；因爲這個條約，改變了臺灣的命運。條約裡要求的東西很多，與臺灣無關的我們不提了，重點是外國人在條約中要求：要臺灣開放

143：藥品廣告，火災現場救出一位不願逃生的阿伯，但阿伯表示：「跤麻去矣是欲按怎走？」（腳麻了是要怎麼走？）請多關心您的末梢神經。

港口讓外國人進來通商。清國爲了面子不肯開放太多，只願意南北各一個。最後外國人出面圓場，他說北邊開放一個滬尾（今淡水）做爲「正口」，基隆做「子口」，相當於買大送小的概念；南部則開放安平爲正口、打狗（今高雄）爲子口。這樣一來，等於只開放了兩個港口（兩個小的就甭算了唄），你清朝有臺階下了；對外國人來講，在臺灣一次多了四個港可以進出，也知足常樂了（這成語不是這樣用的吧）——話說回來，到了現代，高雄和基隆這兩個當年的「子口」，反而成爲臺灣的國際商港；至於安平和淡水早就因爲泥沙淤積無法行船而退休了。

開了這四個港口之後，起碼超過一世紀沒見過「紅毛番」的臺灣人，終於又可以看到金髮碧眼的外國人在街上蹓躂了。當時的外國人來臺，主要是從事經商、傳教和旅行、研究，也留下了種種影響。

先講來經商賺錢的外國人。在這之前，臺灣以出口蔗糖、稻米到大陸爲主，連番薯都有人走私。外國人說，我們的眼光不是只想著要賣什麼東西給自己人，我們要想著賣什麼東西給全世界。於是選定了當時全世界都想要的商品：蔗糖、茶葉、樟腦。

臺灣有三寶，茶葉蔗糖和樟腦

如果讀者記性不差的話，應該記得先前在荷西時期就講過荷蘭人賣蔗糖賺錢的事（如果已經忘記了，那麼恭喜你，你可以重複讀這本書就像第一次讀），愛吃甜食是人的天性，因此開港之後，世界各國紛紛向臺灣購買蔗糖。當時的製糖工廠仍是舊式糖廍，通常用茅草搭建，裡頭有石磨壓榨甘蔗、用鐵鍋煮甘蔗汁。在這過程中，還可用於發酵成酒——事實上，我們現代的米酒很多還是使用臺糖的糖蜜酒精，比較便宜。而削下來的長條甘蔗皮，曬乾後可以做為火種，常應用在廚房的灶裡；我小時候住鄉下還可看到，地方的媽媽也常拿這個鞭打小孩。在清代，臺灣的糖廍超過一千間，至今還有許多地名有「廍」字的，如大廍、後廍、南廍、廍內等等，就是過去有舊式糖廠的地方。

再講茶葉。漢民族本就是喝茶的民族，也在很久以前就將茶葉外銷到國外。在歐洲人「地理大發現」找到海路前來中國之前，茶葉必須經過中國西部輸送到中亞、南亞、東歐等地，因此今日的俄羅斯、土耳其、哈薩克、羅馬尼亞等國家，對於「茶」的發音近似「ㄔㄚˊ」。而在地理大發現之後，才從福建、臺灣認識茶葉的西歐國家如德、英、法、義大利，發音就接近閩南語的「ㄉㄝˊ」。不管是念「ㄔㄚˊ」還是「ㄉㄝˊ」的國家，他們的茶葉來源都是東方。而且這一喝下去就成癮了，英國人愛喝下午茶這應該不必我說了吧？

由於外國有龐大的茶葉市場潛力，吸引了不少西洋茶商來臺種茶。英國人陶德一八六〇年就來臺灣了，據說他為人豪爽，很容易與人結交朋友，甚至還有原住民頭目要招他當女婿（可惡，一定又是人帥眞好）！陶德聘請廈門人李春生為助手，他們在臺北的丘陵地種茶葉，設立洋行，把臺灣烏龍茶叫做「Formosa tea」直銷紐約，大獲好評，介紹到世界各國，開啓了臺灣茶的輝煌時代。當時外國茶商的海報，甚至將Formosa（福爾摩莎臺灣）與印度、日本、支那（China）並列四大產茶區。到清末的時候，臺灣茶葉占了臺灣出口總值居然一半以上。

都說到臺灣茶打入美國市場這份上了，順便再講一個小故事。二十世紀初有一個美國茶商叫做蘇利文，他覺得用鐵罐裝送給顧客試喝的茶葉太浪費，於是嘗試使用絲袋包裝茶葉，寄送給顧客。客人收到這種茶包後，因為不知如何使用，乾脆連著袋子直接泡茶，發現這樣便利又新潮，於是成為茶包的由

FORMOSA
OOLONG
FORMOSA
OOLONG
陶德：「人家說我是
臺灣茶葉之父耶！」
李春生：「可惡，那明明是我，
我才不當臺灣茶葉之母！」

來。不過有些人依舊試圖把絲袋扯開倒出茶葉，反而讓茶葉四處飛散，收拾起來非常麻煩，這也是爲什麼英文的「麻煩」（trouble）念起來像「茶包」的緣由。（這你敢信？）

再說第三樣特產樟腦。樟腦在現代人來講不過就是提煉防蚊液吧，頂多男性讀者還知道可以做成擺在小便斗裡的樟腦丸（其實現代都是化學合成的了，不是用樟木做的），甚至很多人在生活中已經看不到樟腦油、樟腦丸這些東西了，想破頭也想不出來樟腦有何用途。一百多年前樟腦之所以那麼重要，並不是當時的蚊蟲有多狂或廁所有多臭，而是一八六九年有人發明以樟腦爲原料之一，製成質感很像塑膠的「賽璐珞」，被廣泛運用——這裡不應該這樣講，因爲當時塑膠還沒被發明出來，說賽璐珞像塑膠不合時間邏輯。讓我話說從頭：一開始是撞球的那顆球，本是象牙做的，但是一根象牙只能做五顆撞球，因此非常昂貴。後來有美國人發明用樟腦與硝化纖維製作出近似象牙的「賽璐珞」，此後撞球不再用象牙製造，價格變得便宜，也拯救了無數大象。後來賽璐珞廣泛運用到製造梳子、印章、盒子、桌球、玩具、鈕釦、鋼筆……基本上你今天看得到的塑膠製品，在當時都可以用賽璐珞來做。但賽璐珞有一個致命的缺點，就是非常好燒，一點火就燒，囤積久了甚至還會自燃，因此後來又被塑膠取代。

陶德害總統今天要忍受臺北的鬼天氣

回到清末，當時象牙昂貴，塑膠又還沒被發明，賽璐珞的功能就如同今日的塑膠一樣好用，而製作賽璐珞的原料樟腦也受到全球矚目。臺灣中低海拔山區原就有不少樟木，有原料又有通路，臺灣立即升級爲賽璐珞的原料中心。當時也是美國好萊塢崛起之時，猜猜看大量的電影膠卷是啥做的——沒錯！還是賽璐珞！所以說，沒有臺灣的樟腦，就沒有美國好萊塢，我們就沒有《星際大戰》或「玩命光頭」[144]第N集可看了。（怎麼啦？借沾光一下，小不了你，也大不了我啊！）

糖、茶、樟腦這三項重要出口商品中，茶葉和樟腦主要產地在北部，也因此使得經濟中心從原來荷西時代以來兩百年的南部，逐漸爬到北部來。開港

144：美國的飆車系列電影《玩命關頭》。因男演員多為光頭造型，因此暱稱為「玩命光頭」。

通商後才過二十幾年，北部的貿易總額就已經超越南部了，從此北部就一直當天龍國[145]當到今天。

因此我們若追根究柢去想，爲什麼臺北天氣這麼爛，大家還是要擠上來賺錢？因爲這裡從以前就是經濟中心。爲什麼這裡會變成經濟中心？因爲有淡水、基隆港對外連絡，又盛產茶葉跟樟腦。本來臺灣茶葉都是農家自己種著喝的，誰把茶葉推到國際市場？英國人陶德。所以可以說因爲有陶德才造成今天臺北的存在，雖然浮誇了，但也不是空穴來風。而當我走過三峽老街，也不禁想像，三峽在過去就是茶葉與樟腦的產地，如果當年沒有三峽，是不是也沒有今日的臺北呢？

除了西洋商人來臺之外，也有不少西方傳教士進入臺灣。雖然天主教、基督教在荷西時代都曾進入臺灣（如果你已經忘記了，再恭喜你一次，你可以重複讀這本書就像第一次讀），但在外國人撤退後，這些信仰在臺灣並沒有被延續下來。等到開港了，睽違多時的西方宗教終於又進來了。然而當時臺灣民眾對西洋人和西方宗教並不理解，甚至傳說這些外國人會挖人心肝當藥（這招在《西遊記》早就用爛了好嗎），所到之處經常被人丟石頭，眞的是比落水狗

145：出自漫畫《海賊王》，是一種高傲高貴的族群，常用來諷刺住在臺北而自以為高級的人，或是臺北人自嘲用。

還慘。好在這些傳教士都是肯為大愛而犧牲奉獻之人，也嘗試用各種方法來接觸群衆。

馬偕傳教的方式令人沒齒難忘

好比從加拿大來的馬偕牧師，他二十八歲來臺登入傳教 online[146] 之後，馬上就卡關[147]了啊，因為他雖然有職前訓練學臺語，但溝通上仍然困難。有一日他散步到一片草原，看到一群牧童把牛放著吃草，自己在那裡玩耍聊天，馬偕靈機一動，這些無所事事的小孩豈非最好的臺語老師？於是他鼓起勇氣趨向前去，前兩天大家都一哄而散，到第三天，馬偕拿出懷錶借他們看，這些小孩才沒有跟一般百姓一樣喊一聲「殺」呈體操隊形散開[148]，讓馬偕第一次在臺灣有被接納的感覺，不禁感動到老淚縱橫（其實是牧童要看顧著牛，不能跑遠）。

於是馬偕天天報到，與牧童一邊放牛一邊聊天一邊吃草（是牛吃不是馬偕吃），一遇到聽不懂的字彙，馬偕立即掏出錄音筆把發音記錄下來——我知

146：此處將傳教生涯比喻成線上遊戲。

147：遊戲過程中受到阻礙而過不了關，稱為「卡關」。

148：四處竄逃啦。

道這本書用詞很浮誇，但這裡我沒有開玩笑——他的錄音筆是一枝平凡的筆，但馬偕用羅馬拼音把臺語發音寫下來，時隔百年，今日我們讀到這些「教會羅馬字」，依然能用準確的發音讀出來，重現百年前的語音，簡直跟錄音一樣。馬偕就這樣，每天至少花一早上或一下午時間學臺語，不懂的詞彙便記下來回家問人，五個月後，馬偕已能站在講臺上用臺語演講，後來更將他的筆記整理成一本臺語字典。

請想像一下，一個阿啄仔[149]為了宗教和教育的熱誠，來到一個完全不是自己母語語系的國度，一字一句，在紙上慢慢筆記，用拙劣的發音，咿咿呀呀，逐字拼出來，最後終於能運用一口流利的臺語。聽說到晚年時，他的英語甚至不是很流利，因爲太久沒講了。雖然我沒親耳聽過他說的臺語，但我堅信一定是腔調道地、鏗鏘有力，閉著眼睛聽，包準以爲是土生土長的臺灣人。

除了學習語言之外，馬偕還有很著名的一件事情，就是免費幫人拔牙，好消除人們對他的敵意，吸引大家親近。「來喔，來聽耶穌的故事，拔牙免錢喔！」後來發現這招不太有用，就改成宣傳「誰敢不來聽耶穌故事的，我就拔你的牙！」大家就乖乖來了。（喂這段是我亂講的不要當眞！）

149：臺語的西洋人。

以現代標準來看，臺灣直到二十世紀才有臺北醫院外科部設立齒科治療室，在這之前，幫人拔牙的人都算密醫。而非習醫出身的馬偕，在臺灣親手拔過兩萬一千多顆牙，堪稱是臺灣史上最著名的密醫，人稱「日本黑傑克[150]，臺灣偕牧師」。

馬偕在臺傳教三十年，除了傳教之外，也創辦了醫院（今日的馬偕紀念醫院）、設立學校（今日臺灣神學院、淡江中學），病死後埋骨於淡水，成為永遠的臺灣人。每次讀到馬偕的故事總讓我紅了眼眶，包括我現在寫下這一段的同時也一樣，請讀者體諒我在這一段實在想不到什麼戲謔的哏可以加進去。

（剛剛不是已經開他玩笑了嗎？）

從馬偕的一生，我們就可以大概看出西方傳教士在這段時期的貢獻：帶來西方宗教、現代醫療、現代教育。而在南部有巴克禮牧師，他創辦學校、將聖經翻譯成臺語，並引進臺灣第一部新式印刷機，出刊臺灣史上第一份報紙，這份報紙到今天還在喔，現在叫做《臺灣教會公報》，趕快去訂。如果說外國商人來臺，帶來了經濟發展，那麼傳教士來臺，則帶來了文化上的進步。

清末臺灣的現代化，有賴這些外國友人們把新事物、新眼界帶進來，那

150：漫畫《怪醫黑傑克》（舊譯《怪醫秦博士》），敘述一名外科密醫的故事，探討生命與疾病的本質，凡是地球人都該收藏一套。（我收藏三套！）

右手疾書白話字，左手拔盡天下牙，滬尾馬偕參上！

麼清政府本身現代化了沒有呢？答案是有的，但可惜清廷對臺灣的積極建設，仍然是被動而來的。清朝你少來這套牽拖什麼「愛你越久我越被動」[151]喔，當時還沒有這首歌。

要講清朝怎麼開始積極建設臺灣，就要先講牡丹社事件；要講牡丹社事件，還得先從羅妹號事件講起。

獨家踢爆清國沒把原住民當人看的醜聞

一八六七年，有一艘叫羅妹號的美國商船在屏東觸礁沉船了，羅妹號不是鐵達尼號，絕對沒有電影那種「You jump, I jump」的纏綿悱惻劇情，只有一群沒拜媽祖的地獄倒楣鬼被熱帶魚吃掉。有十來人前世燒好香積陰德僥倖上岸，卻又因為誤闖原住民領地被追殺。最後只剩一名船員手刀狂奔至鳳山縣鳴鼓申冤。因為船上很多美國人，此事已經是國際事件而不是清國內政了，驚動了在福建廈門的美國領事李仙得。李仙得這名字一定有經過高人指點，取得不

151：伍佰寫給蘇慧倫唱的歌〈被動〉歌詞。不過我比較習慣聽伍佰自己唱的版本。

但古，而且雅，聽到這名字會以爲應該是唐朝詩人、晉朝書法家之類，不過人家可是法裔美國人來著。

李仙得聽聞有同胞死於原住民之手，向清廷質問此事，但清廷的態度我們在上一章已經講得很清楚（也很難聽），基本上清廷沒有把「生番」當國民看，甚至有沒有當人看都值得存疑。因此清廷雙手一攤，擺出一副「早就跟你講請勿將手伸入籠內了吧」的態度，若是老百姓遇到這種政府，真是拿它沒皮條；可是美國人哪裡吃你這套，李仙得說，你不管教這些生番，那我來管教可以吧？於是率領兩艘船前往報復。結果！代誌毋是戇人想的遐簡單，原住民占了主場優勢，堂堂美軍居然作戰失利。奇怪你們不是有史塔克工業[152]加持嗎？李仙得再一次跟清廷拍桌子，美國政府也擺出強硬態度替李仙得撐腰。當時清國在世界各國霸凌之下，已經沒有過去那麼高姿態，生怕得罪美國，只好答應借兵五百人給李仙得助陣。這一次，美清聯軍終於打了勝仗，李仙得要求美國要與清國簽訂條約，如果以後又發生船難，原住民應該加以救護，不可殺害難民。那這份條約是跟清廷簽嗎？清廷雙手一攤，喂喂人不是我殺的，你找那些生番簽去。於是李仙得與原住民頭目簽了這份條約。後來李仙得和頭目還成爲

152：史塔克工業是美國漫畫《鋼鐵人》的主角東尼史塔克所管理的軍火公司，長期與美軍合作。

好友，經常送禮拜訪，一起喝酒，所以說「不打不相識」這種事在人間是眞的存在的。而且清朝統治臺灣百來年了還無法安撫「生番」，一個美國人卻能在短短時間內跟原住民稱兄道弟，可見這種事情不是做不到，是想不想做而已。（我好像媽媽在訓兒子喔！）

而李仙得在羅妹號事件當中，學到了一件事：臺灣的原住民，根本不是清國的國民。以此類推，不必請柯南出來我們也推理得出來，所以原住民住的地方是清國的國土嗎？當然不是！

後來李仙得回美國時，是從中國東岸往北沿著海岸行駛，橫過白令海，往南路過加拿大而抵達美國西岸的走法。而他在路過日本橫濱停留時，獲引介與日本官員認識，被聘爲顧問。就在此時，日本從李仙得的故事發現了清廷在臺灣治理上的破綻，也埋下了日本征臺的種子。後來李仙得退休後住在日本，又被韓國聘去當皇帝的顧問，這位參加過美國南北戰爭立下汗馬功勞、後半生影響了東亞政局與現代化的傳奇人物，最後在韓國終老病死。電影《末代武士》中湯姆克魯斯飾演的角色，相傳就是以李仙得爲藍本。

「歷史」絕不是與我們無關的小說內容，歷史事件也不是獨立成章的短篇故事。我們今日社會仍受到許多日治時代的文化影響，往前溯源，原來起點正是兩百多年前清廷的消極政策。當年，如果清朝積極一點，或者如果羅妹號沒有失事，如果駐廈領事不是李仙得，如果他回美國時沒有停留日本……臺灣的命運會怎樣？可能就沒有日治時代，也可能有，但故事絕對不一樣。

以前都嘛是琉球人來臺灣觀光的

再提一下日本的狀況。自從培里敲開日本的大門後，日本也被迫放棄了鎖國狀態，接受西方的現代事物進入。日本人的民族性是學什麼都學得像，而且甚至可改良得更適合自己。睦仁天皇改年號爲「明治」，推動以文明現代化爲首要任務的「明治維新」，慢慢走向富國強兵之路，擠上國際舞臺。而此時，氣候溫暖、作物豐富、港口優良的臺灣，也成爲日本覬覦的對象。

一八七一年，有琉球人在臺灣南部遇到船難，上岸後遭到原住民殺害；隔年又有日本漁民也因爲遭遇暴風雨而漂流到東部。事實上，在臺灣附近海域的船隻，因遇到暴風雨而漂流到臺灣島在過去是相當常見的事（第3章提過沈光文就是這麼來的），然而這一次事情會弄到那麼大條，其實也跟剛剛說的「番地無主論」有關。當時日本已經吸收了李仙得的經驗，也打算趁這機會出兵臺灣。但在出兵臺灣之前，只有一個小問題：琉球人不是日本人。琉球日本，一邊一國。

琉球是一串群島所組成的國家，並不是日本的一部分。這個小國從幾百年前就向明朝進貢，換取靠山或貿易機會，成爲明朝的「藩屬國」，要說像是繳保護費比較好想像的話也行。也就是說，琉球拜明朝爲大哥，按時繳保護費，第一個目的是這樣大哥總不會打小弟了吧（其實也不見得），第二是讓老大哥點頭，承認小弟的統治權。

後來琉球被日本侵略，不得不也奉阿本仔爲大哥。往好處看，世界上若有什麼事情比拜一個大哥有保障的話，那就是拜兩個大哥，安全感double！於是在明末時，琉球同時向日本進貢，成爲日本的藩屬國。明朝亡盪[153]後，琉球換同時向清朝與日本進貢，好笑的是琉球腳踏兩條船，日本和清國卻沒有因此會面過，這種微妙的三角關係就這樣擱著。

153：完蛋。

當琉球人在臺灣被殺時，琉球曾向一號大哥清廷求助，清廷把活口輾轉送回琉球，自我感覺仁至義盡。琉球的二號大哥日本得知此事，認爲這何止是天賜良緣、根本是天外奇蹟了[154]，大喝一聲：「意義是啥X，我只知道義氣啦！」[155]便貌似情義相挺，實則別有用心地替小弟挺身而出了。

接下來的事情，基本上與李仙得因羅妹號事件質問清朝的過程一樣，我就不細講了，清廷雙手一攤，（在本章已經攤第三次了你手難道不會痠嗎？）還是那套臺詞，說那些生番是化外之民，不歸我管轄等等。清廷不贊成但也不反對日本出兵去打原住民屁屁，於是就有日軍三千六百人來臺興師問罪了。一八七四年，日軍在今天的屏東車城登陸，攻打牡丹社原住民，因此這整起事件史稱「牡丹社事件」。不過當時殺害琉球人的是別社的原住民，不是牡丹社啊，日軍你打錯對象了，這時候就該唱一首歌了。不好意思麻煩一下，歌號六二三〇七，王菲的〈打錯了〉，謝謝。「對你說打錯了～～我不是你那個什麼～」

反正日本也不是眞的那麼在意爲琉球人報仇啦，打對打錯不是重點，能來臺灣才是正事。清廷本也以爲日本人來教訓一下就該走了，後來得知日軍居

154：《天外奇蹟》是迪士尼的動畫電影。

155：電影《艋舺》著名臺詞。

然開始租地開墾蓋房子，大有久住下來的意思，這時清廷才知道要緊張。於是清廷派沈葆禎爲欽差大臣，隆重調用一萬名士兵，動用機器局製造的最新兵器，加上福建船政局、招商局的船艦總動員，浩浩蕩蕩來嚇嚇日本人。日本當時還不敢跟清朝挑戰，加上自己水土不服而死的士兵一堆，便同意談和，最後開出條件，要清朝承認日本此次爲了琉球人出兵是「保民義舉」，也就是「爲了保護自己的國民而做的符合正義的舉動」（這樣翻譯好彆扭）。清朝同意了，但這下糟糕了，這一同意等於承認「琉球人就是你日本國的人」，日本雖然沒有順利吞下臺灣，但居然就這樣撿到一串琉球，操爽der～撿到一百塊雷～乀～～[156]後來日本就老實不客氣把琉球併吞了，改爲「沖繩縣」。因爲有這樣的故事，所以至今仍有些琉球人主張琉球要獨立。

牡丹社事件中，臺灣有驚無險地沒被日本一口吞下，反倒是把琉球送入日本懷裡。但臺灣也因爲這個事件，終於讓清廷肯正眼多看一看，於是派沈葆禎來建設臺灣。沈葆禎建造了臺南億載金城、屏東鵝鑾鼻燈塔，又增設許多砲臺，增強防禦。另外也開闢道路到山裡，加強對原住民的管理。總歸一句，就是怕外國人又時不時找藉口來找麻煩，一下美國人一下日本人，再不加強防

156：網路惡搞影片〈歐巴馬〉中的莫名其妙臺詞。

禦沒準下次就換外星人入侵了。可惜清朝這也只是頭痛醫頭、腳痛醫腳，覺得臺灣的軍事不足就給它補強而已，並不是眞正的政治改革。清廷以爲所謂「統治」，就像玩塔防遊戲[157]一直蓋砲塔就好是不是？

老劉不只會蓋砲塔還會蓋鐵路

牡丹社事件過後約十年，又發生了一件大事，讓清廷又更認眞治理臺灣（了一點點）。

一八八三年，法國攻占越南，在清國南方國界起衝突，於是清、法兩國開始打起來，史稱中法戰爭或清法戰爭。隔年法國佬擴大戰線，艦隊跑到基隆，大家一驚：好你個聲東擊西之計，還好我大清國最近被打的經驗很多早就料到你招式，一定是想搶基隆的煤礦做爲船艦的動力來源是吧。於是清廷派劉銘傳爲欽差大臣，趕往臺灣防守，雙方打鬧了一陣之後（有夠不負責任的解說），清朝居然、竟然、贏了！這是清末極爲難得的一場勝仗，值得上臺獻

157：一種在地圖上建造城堡或攻擊塔以抵抗敵人入侵的遊戲種類，多出現於電腦遊戲或桌上遊戲。

花。不過對於臺灣來講，最大的影響倒並非戰爭本身，而是在此事之後，清廷更加深刻感覺到臺灣的戰略地位，認爲近來外國人一直跑來臺灣探頭探腦的，這塊島一定有什麼不爲人知的祕密，於是在一八八五年決定將臺灣從原本福建省底下獨立出來，自己成爲一個臺灣省，並任命劉銘傳爲第一任巡撫（省長）。從這時候開始，清廷才眞的有比較認眞建設臺灣，不過也剩最後十年光陰了，好好珍惜吧你～（又劇透了！）

當時清國有一撮人持續在進行「自強運動」，也就是被西方人的強大武力嚇到，決定外國人會的東西我們也要會，就算學不會也要買回來的西化運動。而劉銘傳剛好就是自強運動的擁護者，他便將一些原本在大陸推不動的政策拿來這邊推，好比說鋪設鐵路。在大陸，鐵路剛鋪好，就被附近的民衆抗議，認爲破壞風水、洋玩意兒都有妖氣等，鐵軌經常被拆毀。然而把在大陸用不上的鐵路拿來臺灣鋪設，阻礙比在大陸小得多，而且民衆表現得相當好奇驚喜，並未抗拒。民情爲何如此不同？可能是臺灣在此之前已經看過太多奇形怪狀的外國商人、傳教士，對新事物較能接納；加上臺灣處於邊陲地帶，天高皇帝遠，少了朝廷保守勢力礙手礙腳，劉銘傳較能放手去做自己好自在；因此在最後的這十年，臺灣完成了全大清國第一條正式使用的火車鐵路、全大清國第一個自辦電力公司、全大清國第一條電報線，成爲全大清國最進步的一個省分。不錯不錯，這孩子只要認眞做也是可以的嘛。愛的鼓勵預備來！

不過快樂的時光總是咻一聲就過去了，臺灣建省不到十年，就換了一個主子。

籌備了二十年，日本人又回來了

剛剛提過日本在明治維新後，決心要趕上英美法等歐洲國家，拚了命吸收新學問新科技。日本雖然已經擺脫了那個過去傳統的自己，但她還遲遲不夠膽跟千年以來自己不斷模仿的偶像中國釘孤枝。一八九四年，日本終於想試試自己苦練多時的武功怎麼樣了。

這一年，日本與清國因爲韓國的內政問題開戰。日本出兵是早有預謀，那清國爲何要隨之起舞呢？因爲韓國是藩屬國啊!!琉球、越南、韓國這些藩屬

劉銘傳：「我做了一個夢，夢到我站在騰雲號上……後來我跌下來，夢就醒了。」

國小弟一一被欺負，這個已經是風中蟾蜍[158]的大哥還得拖老命出來跟別人大小聲，苦命的程度連阿信[159]都會鼻酸掉淚。這故事告訴我們，如果身體弱腎水虛就別硬撐著當老大，出來說一句「我不做大哥很久了」[160]漂亮地退場吧。

這場戰爭稱爲「甲午戰爭」，其戰爭的原因、過程，與臺灣沒什麼直接關係（卻跟澎湖有關，因爲戰爭末期日軍占領了澎湖），但結果與臺灣關係很大。一八九五年四月，清國派李鴻章到日本馬關簽訂講和條約，在《馬關條約》中約定清國必須將臺灣澎湖永久割讓給日本。更準確地說，範圍是「英國格林威治一一九度東，至英國格林威治一二〇度東」，以及「英國格林威治東經一一九度至一二〇度，及北緯二三度至二四度之間諸島嶼」，當時有臺灣人看到公告，嚇了一跳：「什麼？關英國什麼事？所以是日本和英國共同治理臺灣嗎？想像起來潮潮der啊！」不過我在這裡特別提出精確的割讓範圍，那是有伏筆的，而且伏筆伏在超～後面，敬請拭目以待。

當然我們講到割讓臺灣時，不免要提起慈禧太后與李鴻章的對話，據說慈禧太后聽聞日本想要臺灣，她老佛爺問李鴻章臺灣是個啥地方，李鴻章說出了臺灣人都詛咒他死的千古名句：「鳥不語，花不香，男無情，女無義，棄之

158：風中殘燭。

159：同名日劇《阿信》中的主角，敘述農村女兒阿信在窮困的年代掙扎、奮鬥的故事，說有多苦命就有多苦命。

160：電影《英雄本色》中著名臺詞。

可也」。（後來他死了，高興了吧？）但是這句話跟網路謠言一樣，根本找不到出處，也不知來源，李鴻章很可能根本沒講過，白白被詛咒了兩甲子。就算臺灣人恨李鴻章簽《馬關條約》，他也是身不由己的啊，他就算謊稱那天嚴重漏屎不去簽，清廷還是會找別人去簽的吧。我覺得李鴻章眞的是含冤莫白第一名，連狄雲[161]看了都會拍拍他肩膀勉勵他：「這世界多麼的美好～空氣多麼的清新～」[162]當然，他的態度是主張「斷尾求生」，犧牲臺灣以保全大清國和平，就大清的立場他是對的，但也無怪乎臺灣人恨得牙癢癢的了。

省長變總統，升官耶，該請客了吧

割臺消息傳至臺灣，大家的心情用兩個字精準描述，叫做「悲憤」。大家像是被自己的母親給賣了、給拋棄了，一時之間許多蕩氣迴腸的詩文紛紛出籠，其中丘逢甲算是詩文抗日（若他生於現代，就稱爲「鍵盤抗日」）的箇中好手。大家罵完又寫，寫完又罵，氣到飯都吃不下了，「烙人」[163]跑去堵臺灣

161：金庸武俠小說《連城訣》主角，從少年時就蒙受冤獄，出獄後在江湖上仍遭到無止境的輕視、誣陷，當真說有多慘就有多慘。

162：電影《超級街頭霸王》裡的著名臺詞。凡是不順心的時候深呼吸講這兩句話，就會快樂了。

163：正字為「落人」，臺語糾集人馬之意。

巡撫。當時臺灣巡撫已經換過幾輪，不是剛剛那位劉銘傳了，而是唐景崧唐大人。唐景崧收到割臺消息，臺灣巡撫瞬間變成「前」臺灣巡撫，正在房間打包行李準備內渡回大陸呢，忽然一群民眾風風火火轟轟烈烈闖來，噗通一聲全都跪下了：「唐大人，現在全臺灣民眾都誓死抵抗日本接收，只差一個首領，大家群龍無首，只能倚賴您了！」

唐景崧見此情景，不禁心情激動、虎目含淚，怨嘆自己行李為什麼要收那麼久，被這群衰尾道人帶衰到，這下可好走不了了。

唐景崧看到大家一副等他嘴裡吐出半個「不」字就預謀行凶的神情，哪裡還敢拒絕，只好留了下來。然而他這麼做，也是可被解讀為「叛國」的，因為他堂堂一名清朝巡撫，居然當了外國總統，在當時搞不好皇上心情不好就把你拖出去斬了。因此唐景崧在打回大陸稟報的電報強調，是大家把臺灣民主國的國旗與總統印章送到他面前，盛情難卻，他才勉強接受的。可是你這樣說，不是更凸顯自己口嫌體正直[164]嗎~

不只是唐景崧走不了，所有清國在臺官員及眷屬都不准走，公款、武器和官員私產都得留著。唐景崧一片孝心，要求讓他八十歲的老母先內渡回大

164：大白話叫「嘴巴說不要，身體倒是挺誠實的」。

日台聯誼搏擊賽
神功護體
唐景崧：
「請問誰有帶
白毛巾？」

陸（我更佩服的是唐景崧來臺灣當巡撫居然還帶著媽媽，不是超孝順就是媽寶），大家心想阿婆留著說要抗日也是個麻煩，送走算了。唐大奶奶走了，不料隔日要運送她的行李時，行李卻遭士兵和民衆襲擊搶劫，還造成數十人死傷。大家會搶成這樣，應該是覺得唐景崧會把財產放在媽媽行李先偷運出去吧，搞不好一搶裡面全都是唐老太太的裹腳布就好笑了。

大家既然要抵抗日軍，總要有個名堂吧。打著大清國旗幟是萬萬不行的，當初就是大清國簽了《馬關條約》，若今天還舉著大清國的旗幟反抗，那是出爾反爾，甭說日軍不答應，連北京皇城也不答應。因此爲了團結一心抗日，大家決定自立一個新國家爲號召，這國家是個假國家、任務型國家，是爲了抗日而成立的臨時國家——臺灣民主國。

這國家有多假呢？假到它的「獨立宣言」其實是向清廷的「報備」，唐景崧就職總統的文告，更是直接宣布繼續奉大清爲正朔。後來唐景崧更打電報回大陸告知：事定之後，臺灣仍歸中國。但是這國家假歸假，倉促歸倉促，該有的東西還是有。有「伯理璽天德」[165]唐景崧，副總統丘逢甲、大將軍劉永福、議長林維源。年號「永清」，國旗是藍地黃虎旗，甚至發行了自己的郵票。

165：就是「總統」President的音譯。這名稱聽起來好帥啊怎麼不沿用到今天呢～

關於郵票這件事我過去一直想不通，臺灣民主國這麼一個短命的政權，留下來的郵票卻還眞不少，當時的人有那麼愛寄信嗎？後來才知道，當時的郵票還能做爲稅收、規費的單據，而且印製郵票有一個目的是供應外國集郵愛好者的需求，賣給收藏家可以賺錢。所以說所謂集郵三益是「怡情、益智、儲蓄」，應該還要加一益「救國」。當時臺灣民主國的郵票有多熱門呢？熱門到外國媒體報導臺灣民主國時通常也會順便提一下它的郵票，（置入性行銷？）甚至當時在香港還有人已經製造盜版郵票出來搶生意，更爆笑的是，盜版郵票因爲資金充足，有時製作得比正版臺灣民主國郵票還精美。後來在臺灣民主國完蛋後，郵票的印刷模版疑似被帶到清國，繼續印製郵票賣錢，這就是爲什麼臺灣民主國的郵票會那麼多的原因。

什麼？要抗日了？抗完叫我

剛剛提到的人物中，有兩個新面孔我們介紹一下。一個是大將軍劉永福，他本是當年清法戰爭的名將，甲午戰爭爆發時，清廷派他帶著子弟兵「黑旗軍」到臺灣協助防禦。這一防禦，就防禦到臺灣民主國成立。這個人，在後面還會有吃重角色，在此暫且點到爲止。

另一個是議長林維源，他是板橋林家的大家長。林氏家族從清乾隆年間便來臺發展，以經營米、鹽業起家，經營有道，後來不斷致富，富到了難以想像的地步——慈禧太后生日時，全清國富豪無不爭先恐後掏出銀兩爲老佛爺辦party，除了有巴結老佛爺的用意，也算是有錢人之間的炫富競賽。你猜怎麼著，板橋林家給老佛爺過生日的錢居然是全大清國最多的，證明板橋林家的財力，說是全大清國數一數二，當之無愧。胡雪巖也是晚清有名的大富翁，應該有人看過《胡雪巖》的電視劇或小說吧？但是胡雪巖的財產，只有板橋林家的十分之一。還有個說法是，當年板橋林家從林家花園走出門，一路走到觀音山下，都不必踏到別人的土地。

清代臺北城有東西南北四門，東門在現今臺北捷運的臺大醫院站附近、西門在現在的西門站、南門在中正紀念堂站附近、北門在北門站附近；但是臺北捷運還有一站「小南門」是怎麼回事？南門和小南門不一樣嗎？還眞是如此，當時板橋林家爲了避開西門內的泉州人勢力，不想經過西門，因此捐錢另開了一個小南門進出，你就可以想像林家的財勢根本就是翻手爲雲覆手雨。日治之後，林家的財力依然只有個「霸」字可以形容。日治初期，因爲臺灣難以統治，日本萌生退意，打算賣掉臺灣，當時有人提議湊個一千萬兩白銀向日本贖回臺灣，林家答應贊助四百萬兩，但其實林家是完全出得起一千萬兩買下臺灣的，這不叫富可敵國，什麼才叫富可敵國？一九〇八年，全日本的富豪排行榜，林家穩坐第一，資產達一億萬日圓（一兆）。到一九一二年還翻倍，高達兩億萬日圓，是第二名資產的一萬多倍……（作者已口吐白沫。）

這麼有生意頭腦的人，在臺灣民主國成立時被推選爲議長，他發揮經營之神的智慧，倒是立馬做了最符合利益的決策：捐銀子走人，逃到大陸避風頭。

有本事走的都走了，來不及走的走不了，更多的是不想走也走不了的臺灣平民。不過其實從留在臺灣的洋人紀錄來看，老百姓大多繼續過著自己的日子，該幹嘛幹嘛，該耕田的耕田，該揀茶的揀茶，不期不待沒有傷害，眞是豁達（粗線條）到世界末日臨頭眼睛都不眨一下。臺灣民主國獨立大典當日辦了造勢活動，以丘逢甲爲首的士紳們在艋舺遊行一週，街上的商人居然還說，麻煩巡撫大人不要在交易正忙的關頭辦這活動好嗎，不過我知道這活動其實不錯啦，嗯嗯我這邊忙完有空再過去。

不管百姓怎麼想，臺灣民主國官兵磨刀霍霍，忐忑不安，準備迎戰從遙遠北方而來的新文明大國。

來不及講的故事，請搜尋關鍵字：

馬雅各／必麒麟／甘爲霖／西鄉隆盛／開山撫番／孤拔／施九緞

第6章
日出東方唯我不敗

民主國軍隊荒謬的程度讓我根本不必額外想哏

日本與清國簽訂《馬關條約》，從此永久獲得臺灣澎湖領土。雖然對於清國人而言，是小日本勝之不武，豪奪巧取；然而條約畢竟是條約，白紙黑字寫得眞眞切切，就好像八點檔中的黑道拿著爸爸簽的賭約上門獰笑一樣，再怎麼不甘心還是得把土地割讓出來。然而臺灣島上的人民抵死不從，認爲愛打仗是你家的事、簽條約是你家的事，爲什麼最後是我家遭殃，於是組織「臺灣民主國」，準備激烈反抗。日本接收臺灣前夕，得知臺民準備大幹一場，心知事無善了，準備來硬的了，也把軍隊「傳便便」[166]咧等你。一八九五年五月底，日軍正式登陸臺灣。

開戰之前，清廷中有一些拉板凳吃爆米花看好戲的官員認爲，這一仗日本有釘子碰了。戰場本身讓臺灣人有主場優勢，那些險峻地形足以讓日軍活活累死。再說沒聽說過臺灣「三年一小反，五年一大亂」嗎？臺灣人民風剽悍，難以管教，在長期嚴格的專業械鬥訓練之下，人人刺龍刺虎、滿臉橫肉，號稱喧嘩上等[167]幹架住民。而且日軍千里迢迢跑來，身上頂多只帶著糯米糰子充飢

166：準備好。正字為「攢便便」。
167：日語「打架第一名」之意。

（那是桃太郎吧）；臺灣住民卻有豐富的米糧，可以在家邊啃甘蔗邊陪你慢慢耗。歸納起來，窮山惡水＋潑婦刁民＋吃飽等你，那等於日軍只能吃土了。

而唐景崧則決定把兵力布署在南北兩端。北部是日軍自北國來最有可能登陸之處，南部則是二十年前牡丹社事件日軍的戰場，搞不好日軍來個舊地重遊。當然兩者算來算去，還是從北部登陸機會最大，因此又請丘逢甲等率軍駐守今新竹桃園一帶，避免日軍從這裡登陸包抄臺北。大軍部屬已定，就等你日軍自投羅網了。

當蝴蝶長出了翅膀，蜘蛛就結好了網。可是問題是，有網不見得就能捕到蝴蝶——如果這隻蝴蝶根本是蝶龍魔斯拉[168]的話。

臺灣民主國成立五天，日軍從今日新北市貢寮區鹽寮海邊登陸，本以為有一場硬仗，想不到當地組織的壯丁「土勇」看到日軍登陸，竟然不戰而逃，整個登陸戰只有零星衝突，日軍便順利紮營建立據點。

接著，日軍開始往瑞芳、基隆等地推進。在三貂嶺時，日軍遇到了唐景崧特地調來的祕密武器「廣勇」，也就是遠從廣東募來的士兵。日軍在此一度受挫，不敵而退，結果廣勇中的不同將領開始搶奪戰死的日兵頭顱，就跟武俠

168：日本特攝電影中的怪物，是一隻超巨大蝴蝶。

小說裡爭奪武林祕笈一樣激烈，自己人打得你死我活。而原本打了勝仗，正在追擊日軍的將領，聽到戰功（敵人的死人頭）在後頭被搶走了，氣得也不追日軍了，掉頭回去暴叱一聲：「誰搶我死人頭，我就砍你活人頭！」於是臺灣民主國將領之間殺成一團，打得比抗日還奮力，場面激烈非常；倒是日軍停下腳步回頭咦怎麼追兵不見了，跟過去一看發現敵軍怎麼自動撤守了，還自顧自玩起「來追我啊呵呵呵」的遊戲，眞的是傻眼傻到差點青光眼。

臺灣民主國軍隊素質低落成這樣，勝負大概也沒什麼懸念了。據說臺灣民主國的軍裝顏色鮮豔，非常搶眼，因此有些前線士兵見苗頭不對，立即將軍裝內外翻轉反穿，僞裝打醬油的路人趕緊撤退[169]。好軍裝！軍裝的奧妙之處，它可以穿在士兵身上，隨手可得，還可以反著穿來隱藏殺機，就算被日軍抓了也告不了你，眞不愧是七種武器之首！[170]而這些前線傷兵紛紛退到臺北城，卻開始搶劫民物、非禮民女，應當保家衛國的人成爲治安亂源。

169：我想到湯姆克魯斯的電影《不可能的任務：鬼影行動》，開場在俄羅斯的任務，也有這種正面穿是軍裝反面穿是休閒外套的設計。

170：原句出自周星馳電影《食神》：「好折凳！折凳的奧妙之處，它可以藏在民居之中，隨手可得，還可以坐著它來隱藏殺機，就算被警察抓了也告不了你，真不愧是七種武器之首！」

電影的唐老大飛車很快[171]，我們的唐老大開溜更快

唐景崧曾發電報催促在中部的丘逢甲率軍來援，電報從「千急急」發到「萬急急」，結果毫無反應，就只是個丘逢甲[172]。六月初，日軍還在基隆，唐景崧自知大勢已去，連夜搭船逃亡。你逃亡也就算了，重點是居然還捲款了捲款了啊（右手背拍左手心）!!你好歹把錢留下給大家花用吧，你這樣又保全性命又荷包飽飽，世間居然有人財兩得這種好事嗎?!（人財兩得這句成語不是這麼用的吧！）是時距離他就職不過十日，因此被戲稱「十日總統」。

大夥一覺醒來，發現那個「伯理璽天德」不見了，不管這叫神隱還是鬼隱，總之他就是帶著錢消失了啊！從中國來的阿兵哥氣到快中風了，他們離鄉背井來到這塊已經是「外國」的孤島，原本就不知爲誰而戰、爲何而戰，硬要說的話就是爲統帥而戰、爲軍餉而戰，怎知一覺醒來他們被總統遺棄了，變成要帥不帥（？）、要錢沒錢、要回去回不去的孤軍，於是這些人成爲能活一天算一天的亡命之徒，到處搶劫，甚至連官署也搶。官衙原本存有數十萬兩銀子，（唐景崧沒A光？）一見光就「秒殺」了，軍火槍砲也搬出來變賣，克魯

171：電影《玩命關頭》主角之一的唐老大，只要手裡有方向盤，誰都超不了他。

172：在電腦RPG遊戲中，主角若向某個角色或物品尋找破關線索時，若該角色或物品並沒有觸發劇情的功能，電腦常會顯示「毫無反應，就只是個○○」。後來這句話被漫畫及網路拿來惡搞，形容沒有反應的人物。

伯後膛山砲這種重兵器也好、步槍也好，都拿出來賤賣換現金，菜市場突然變成軍火市集，人人都成爲軍武專家，在那裡品頭論足：「這不是新阿姆斯特朗旋風噴射阿姆斯特朗砲嗎？完成度頁高。」[173]款式太老的還沒人要買咧，城外的田裡還撿得到被丟棄的舊款步槍，有詩爲證：「想著我會驚，想著我會驚，出門小心不要踩到槍～」[174]

士兵都已經開了頭，一些比較大膽的民衆也加入趁亂打劫的行列。總統府（唐景崧辦公的官衙，不是今天的總統府）早就被士兵縱火洩憤了，民衆還爭先恐後闖進官衙裡把書籍桌椅也扛回家，足足搬了一整天。各位若想像不出來那是什麼樣子，去看看周潤發演的《讓子彈飛》結局就知道了。

既然連龍頭老大唐景崧都走了，那其他官員怎麼能客氣，大家都不是臺灣人，只是被朝廷派來混口飯吃的，現在既然沒有我們清廷官員的事了，不走更待何時？好比當時在臺東當官的胡鐵花[175]，接到內渡命令時日軍早就登陸了，（早知道就不要用撥接網路，E-mail傳這麼慢！）還先寫好遺書才走，這算頁豁達呢還是大智慧？

唐景崧走後，臺北城群龍無首，流竄的士兵成爲強盜。城裡士紳一商

173：漫畫《銀魂》中的名句。

174：沈文程歌曲〈一九九〇臺灣人〉的歌詞。

175：不是楚留香的好朋友，是胡適說「老子都不老子了」的那個老子。

量，反正這些士兵也不可能向日軍宣戰了，再者日軍也不可能比這些士兵更土匪了，乾脆派人去向日軍投降，請日軍進城把土匪兵趕走，那還算長痛不如短痛。可是要由誰擔任這個在貓脖子上掛鈴鐺的老鼠呢？這時候出現了一個人物，這個人日後不管在正史上或野史都嚇嚇有名[176]，他是辜顯榮（我的輸入法居然內建「辜顯榮」一詞，你看多麼嚇嚇有名）。

頭前是現代的臺北車頭，我的理想佮希望攏佇遮[177]

在民間故事裡，辜顯榮年少時不過遊手好閒無賴一枚。他之所以會與日本人接觸而發跡，據說是他當時在北海岸晃盪，遠遠看到軍艦前來，因他天生就是好奇寶寶，於是站在岸上想數清楚到底來了幾艘。是時太陽正熾，陽光曬得他雙眼睜不開，他便將右掌平放擋在眉上遮陽。日軍在艦上遠遠一看，唉呀不得了，想不到我大日本帝國軍威遠播，艦隊都還沒靠岸，臺灣島上已經有人遙遙敬軍禮。日軍大悅，遂重用辜顯榮，成為日治臺灣最有財勢的人之一，建

176：表示比「赫赫有名」更有名，有名到說出來會讓人嚇一跳。（喂根本沒這種成語，不要教壞小孩好不好。）

177：引自林強歌曲〈向前行〉歌詞。

立「鹿港辜家」。當然，在傳說中，因為辜家有錢，廖添丁老愛到他家劫富濟貧，是街頭巷尾庶民大衆津津樂道的段子，甚至衍生出「你毋是辜顯榮，我嘛毋是廖添丁」的俗語。

在正史中，辜顯榮自願擔任前去與日軍接洽的任務。於是他把白布綁在雨傘上當成白旗，隻身一人單刀，喔不，單傘赴會。約略同時也有一些洋人受臺北士紳及外商的請託，與日軍接觸拜託他們掌管臺北城。日軍聽了這些投降代表的言語，雖半信半疑，但反正遲早都得打臺北城，便動身出發。

當日軍抵達臺北城，雖無臺灣民主國軍隊攻擊，但城門深鎖，一時也爬不進去。後來還是正在城牆上曬醃菜的阿婆見狀，編了粗糙的繩梯讓日軍翻牆，才讓日軍順利進入臺北。這件事情值得我們思考，剛剛我們提到士紳洋商提議降日，還能理解為「越有錢的人越怕死」，用現代的比喻就是「有麥當勞的國家不會戰爭」。因為一旦發生戰爭，好不容易累積的龐大資產，將一夕化為烏有；反觀窮人自恃「要錢沒有，爛命一條」，往往不怕打仗。然而希望日軍接管臺北城的不只是李春生等富商，連曬醃菜的路邊阿婆都協助日軍進來，何也？顯然是過去數日間，臺灣民主國的士兵為亂甚劇，連平民百姓都受不了矣。

日軍進入臺北，可以說是兵不血刃，沒有耗費一兵一卒。雖然日軍入城前，很多百姓嚇得躲進山裡，因為聽說軍隊進城可以連搶三天，這是規矩[178]。想不到日軍紀律嚴明，對沿途民眾秋毫無犯，還迅速恢復了臺北城的商業貿易。鄰近城鎮聞風也派人前來投降，希望立即恢復秩序。但是日軍繼續要往南推進時，就沒有那麼順利了。

好比說七月時，日軍準備接收三角湧（今新北市三峽區）。當日軍坐船抵達三峽的時候，受到當地人熱烈歡迎，還幫忙搬運糧食（三百五十包白米和三十桶梅干。三十桶梅干耶，真不愧是日本人），安排祖師廟與宰樞廟給日軍住宿，讓日軍卸下心防。結果隔天日軍行船繼續推進，沒想到行經隆恩河清水港附近（今臺北大學校園內），昨晚熱情款待的民眾突然大喊一聲：「啊～冰的啦！」[179]發動奇襲，殺個日軍措手不及死傷慘重，可說全軍覆沒，只有數人逃出。後來當然引來日軍捲土重來報復性的反攻，三峽有名的祖師廟在當時被焚毀，街道民房也一樣。今天我們看到的三峽祖師廟和老街都是後來重建的。這是日軍征臺史上的奇恥大辱，日本念念不忘，在此曾豎立紀念碑，還編了歌曲傳頌。

178：這是電影《投名狀》裡講的。

179：出自網路笑話。黑道老大與人談判，與小弟約定動手暗號就是喊「翻桌啦」。想不到談判結果賓主盡歡，但是黑道老大明明點冰飲，但三番兩次送上來的都是熱飲，老大終於不悅地對服務生大喊：「冰的啦！」在旁小弟以為老大喊的是動手暗號「翻桌啦」，便開槍射殺眾人。麻煩大家賞臉笑一下。

要比荒謬，只有民主國能超越民主國

日軍繼續往南打，丘逢甲雖然以詩文抗日，寫出了許多可歌可泣的作品，但看到唐景崧都跑了，自己當然也沒什麼好顧忌的，也跟著腳底抹油。比較有爭議的是丘逢甲是不是也A了軍餉才跑。（咦，爲什麼說「也」呢？）當時的臺灣人確實是這麼相傳的，當時的文字紀錄也這麼寫，但老實說沒有什麼證據，丘逢甲總不可能吞了公款還開發票給你吧。總之丘逢甲不戰而逃，日軍征臺的過程中，眞正參與戰爭的大多是地方壯丁甚至婦女組成的義軍。

日軍打到竹塹城下（今新竹市），原以爲又有一場硬仗，想不到守城的士兵看到日軍的攻勢，不知是見鬼了發顚了還是傻眼了，明明槍砲都已經上膛了喔，居然忘了擊發，眼睜睜看著日軍搭梯翻過城牆。但反過來讓日軍更傻眼的是，當日軍成功進入竹塹城，城內士兵竟然在十分鐘內cosplay成一般百姓，把軍裝脫掉換成平民衣衫，化整爲零，消失無蹤。日軍在竹塹城裡東張西望，不知對手在哪裡；而百姓原以爲軍隊進城照例要搶錢搶糧搶娘們（又是看《投名狀》學來的），嚇得把點心食物擺出來要進貢給日軍冀求手下留情，想不到日軍沒有搶百姓財物的壞習慣，百姓見狀馬上把點心收起來，紛紛開店做起生意，而且還欺負人家是外來客把售價提高一倍狠狠敲竹槓。每次看到新聞說什麼夜市的水果攤，一包現切水果賣外國人一千元，我就想起兩甲子前的這段故事，這種以經濟制裁手段，共同抵禦外侮的義行，原來這是有裡詩滴[180]！每每想起都讓我熱淚盈眶。（十幾年前我上臺北玩，在觀光夜市買了一支烤玉米一百四十元，至今回憶仍老淚縱橫！）

進竹塹城的過程雖然傻眼但還算順利，至於桃竹苗其他地區就沒這麼輕鬆了。國片《一八九五》的劇情主線也就是在敘述這段歷史。客家人在臺灣長期被人口比例占多數的閩南人輕視，養成客家人團結、固執的硬頸精神，領導人率領抗敵至死方休，讓日軍在這地區的推進受到一定阻礙。接著在雲嘉一帶也發生激戰，日軍從嘉義布袋上岸增援，十月起包圍臺南。

臺灣民主國，只剩下最後一名大將，他是劉永福。這個人比起唐景崧、丘逢甲更有爭議性，值得好好聊一下。

180：外省腔「這是有歷史的」。出自表演工作坊作品《那一夜，我們說相聲》中〈防空記〉段子。

劉永福搞不好超愛讀自己當主角的小說

二〇一五年，新聞傳出消息說，位於中國廣西的劉永福墓被盜。其實他的墳墓早在民初就被盜過好多次，許多網路鄉民對此新聞的反應是：「劉永福喔？我知道啊～龜仔囝～打到一半溜走的中離狗[181]嘛～」然而我們看看教科書以及官方的論述，仍將他定位爲正面的抗日英雄。爲什麼他的評價會這麼兩極化？

對中國而言，他不折不扣是個英雄。雖然臺灣民主國的抗日活動最後以失敗告終，他落得黯然離去的下場，但若不以成敗論英雄，大清國的人民還是把他視爲偶像。他率領臺灣民主國抗日是西元一八九五年的事，才過兩年，一本奇書《說倭傳》（後來改名《中東大戰演義》）在清國出版，這是由晚清作家洪興全所撰，一本共三十三回的章回體演義小說，以甲午戰爭到乙未割臺爲背景，創作出一幕又一幕臺民奮起抵抗的故事。

故事後半，由黑旗軍首領劉永福獨挑大梁，率領臺民英勇抗日，連他女兒劉大小姐也是巾幗英雄。黑旗軍神威所到之處，日軍無不喪膽，有詩爲證：

181：線上遊戲術語，指遊戲尚未結束就退出的玩家。

劉大小姐：「誰說我有蜜大腿的，殺無赦！」

「黑旗士兵素威揚，殺敵堪誇膂力剛；笑煞倭人眞膽怯，至今猶怕到臺疆。」

雖然這段紀錄看起來像是發生在平行世界，不過，小說嘛，這樣寫才有人看——話說回來，諸君一定挺好奇小說如果把劉永福寫得比美國隊長還威，那最後結尾要怎麼自圓其說？簡單啊，就說積勞成疾，只好含恨放棄就行了。這是什麼反高潮小說啊，也太後現代了唄。

而這本《中東大戰演義》也成爲除了「征服者」「被殖民者」之外，從「第三者」筆下，想像建構出來的「抗日史」。事實上，當時這種以劉永福爲主角的自爽小說還蠻多的，有點像現在租書店裡言情小說一排都是「總裁系列」一樣。劉永福一直活到民國建立後的西元一九一七年才過世，也就是說這些「劉永福系列小說」他自己應該是有機會看過的。看到自己的形象被神化成這樣，不知心情有多複雜？（劉永福表示：可以抽版稅嗎？）

補充一個有趣的傳聞，一代宗師黃飛鴻曾受劉永福賞識受聘入黑旗軍，這則史實在李連杰的電影《武狀元黃飛鴻》點出過，劉洵（就是電影《九品芝麻官》裡的屁精公公）飾演劉永福，李連杰飾演的黃飛鴻被稱爲「民團總教練」。據我手上《香港武林》（香港明報周刊出版，二〇一四年）的紀錄，甲午戰爭的時候，黃飛鴻是跟隨劉永福到臺灣來駐守臺南的，隨著戰爭失利，黃飛鴻也黯然回佛山行醫，從此停止教授武術；可能是在臺灣的抗戰經驗，令他對傳統武術在熱兵器戰場上的運用有不同的想法。

系列電影《男兒當自強》中，黃飛鴻曾與官吏討論過「中國的武術是否面臨絕路」；情節安排上，這算是對《黃飛鴻》第一集裡看到鐵布衫嚴振東師傅被洋槍打死的喟嘆，想不到據資料看來，讓黃飛鴻有此喟嘆的，居然是來臺參加抗日戰役這個經驗。Oh my God！黃飛鴻來臺灣抗日過!!徐克快來拍啊!!

扮女裝純粹逼不得已，不是個人興趣

回到劉永福身上。那為什麼臺灣人會有「劉永福背叛臺灣人自己跑掉」的感覺咧？

我們先搞清楚，日軍來臺時，劉永福為什麼會在臺灣帶兵抵抗日本？他是臺灣人？不是。他是廣東欽州人（今畫分入廣西省）。他對臺灣有一份特別的情感？不是，他一生都在大陸成長。他被大清國派來臺灣抗日？不完全是。其實在公在私，乙未割臺戰役都已經沒他的事了。

唐景崧走後，等於把爛攤子丟給劉永福。這一撐就撐了四個多月。當他節節敗退時，曾多次向清廷諸公求援，想不到這些「豬公」們把頭別過去吹口哨，來個已讀不回，劉永福只能長嘆「內地諸公誤我，我誤臺人」——大家不要以爲劉永福趕流行學時下演藝圈稱中國爲「內地」，劉永福是清國人，他身在外島，稱清廷爲內地是應該的。

劉永福其實也沒想過憑自己和黑旗軍的力量（頂多再給你加上黃飛鴻和劉大小姐的神功）眞的能打退日本人，他很清楚自己待在臺灣，使的就是中國古拳法的祕技：「鎖」[182]（鎖！鎖！……）（剛剛那是回音），也就是在臺灣牽制日軍，等待外國勢力介入（如果外國有興趣介入的話）。劉永福待在臺灣其實是沒什麼油水可撈的，當時情況是「臺南數十營皆只有一月之餉，一月以後即不可問矣」，意思就是資金只夠養軍隊一個月，到下個月呢，不要問，很可怕。

最後苦撐到日軍包圍臺南，劉永福也曾經寫信給日軍表達投降意願，說

182：出自周星馳電影《破壞之王》，把敵人牽制住讓他無法打你，拖延到比賽時間結束。

出內心話：「欲想抗戰唯有臺灣人耳。」這句話看起來是有點刺眼，但這是實情，他與黑旗軍並非在臺灣出生長大，有何道理要為臺灣島陪葬？然而日軍拒絕了他的投降，劉永福在此萬不得已才考慮到逃亡這一步。

由於他已被日軍列為頭號戰犯，只好易容為老婦人，才能避開耳目搭船逃脫。據說這也是臺灣俗話形容逃跑叫做「阿婆仔閬港」[183]的由來。劉永福剃掉鬍鬚，手抱嬰兒，（從哪裡拐帶的呢？）化妝成阿婆登上英國船艦，日軍接到消息，到廈門攔截搜查，一一比對所有乘客，連行李都全部下船，沒想到竟一無所獲。此事又為劉永福的傳奇性一生錦上添花增加了神祕感，民間故事認為他有神明庇佑，因此日軍數次在他面前走過卻不見他；要不然就是他的易容術比衛斯理[184]還高明百倍。

劉大將軍一走，臺南城自然也亂成一團，於是先前提過的外國牧師巴克禮代表臺南仕紳，投降請日軍進城。關於投降這一點，我們無法苛責。

183：「閬港」，讀如國語「浪槓」。這句俗語用來形容腳底抹油快逃。

184：倪匡科幻小說主角，精通易容術，受過嚴格的中國武術訓練，精通世界二十多種語言，包括非洲土語和西藏康巴族的鼓語。

重要指名手配
南征日報
黒旗軍首領劉永福
女性に扮してるかもしれない
賞金首、生死問わず
據說戰犯劉永福已化妝成女性
離開，請各單位注意他是否去
動漫展參加 cosplay 了！

劉永福就是劉永福，不是美國隊長

劉永福抗日失敗這件事確實成爲他人生的一個遺憾，甚至一定程度上可說是汙點。他跑了，被遺棄的官兵無人管束，有的成爲強盜，有的被日軍殺害，留下了悲慘的影響。如果劉永福是電影《復仇者聯盟》裡的主角，面對什麼外星大軍來襲他中離了，那他活該被噓，大家大可怒退電影票。但劉永福是一個眞人，和臺灣完全沒關係的人。

我並不是說劉永福是完人，他確實不是。他在那個時代，有那個時代限制住的見解和習慣，也就是我們用現代人觀點常說的「民智未開」。劉永福本身是鴉片鬼，當年號召臺民抗日，威脅大家說：「日本人來了，大家就沒鴉片吸了。」（其實這招挺有用的，沒鴉片吸比死還恐怖。）在臺南駐守時，他聽信謠言說基督教與日本有關，殺害教徒十餘人。聽說劉永福更早之前打清法戰爭時，黑旗軍在越南戰場也做了不少魚肉鄉民之事，讓越南人印象極差。這些看起來荒腔走板的事情，確實不是英雄行徑。而我本來就不是要把他說成是英雄，我只是想像，「If I were you」，我能在這個異鄉率衆抗日多久？在這場不知爲誰而戰爲何而戰的戰役中能支持多久？是否能爲這塊我只住了一年的土地，甘願人頭落地也在所不惜？

我們讀歷史課本的時候，太容易把它當小說讀，總以爲裡頭的主角都該是英雄。其實歷史裡沒有人是主角，每個人都是巨輪下的螻蟻而已，眞正願意捨身取義的人物，雖値得我們尊敬，但這種英雄極少極少有。看小說的時候，你可以爲郭靖死守襄陽流淚，你可以罵楊康認賊作父、通敵賣國；但是對於歷史眞實存在過，活生生有血有肉的人，不必那麼嚴格要求他必須那麼像大英雄，我們應該對於他們的辛酸無奈、委曲求全，更加一點諒解。

雖然劉永福的軍隊沒有實際抗戰，他的作爲就是期待外國勢力出面干涉日本占臺。不過我個人對於劉永福的評價，只有四個字，「仁至義盡」，你做得夠了，臺灣人的命運，最終畢竟只能自己面對。

搬到新家第一件事當然是大掃除

日軍連臺南都打下來了，維持了五個多月的臺灣民主國正式滅亡，只剩下地方零星抗日勢力。約半年間，臺人死傷數以萬計，日人死亡人數約四千八百人，其中有四千六百多人是病死的，眞正死於戰爭的日軍才一百多人。這數據給我們兩個啓示：第一是雙方的火力、紀律、鍛鍊所綜合起來的軍力，相差眞的有王心凌到鍾欣凌那麼懸殊。第二，這過程中，原來日軍最大的敵人不是臺灣人，而是細菌；臺灣惡劣的衛生條件與活躍的病媒生物（蚊子蒼蠅蟑螂老鼠跳蚤臭蟲之流），讓日軍在這場生化戰裡適應不良。這也造成後來統治臺灣時，建立醫療體系以及加強環境衛生成爲初期的重要工作。

早在臺灣民主國還沒完蛋的六月，日本人就找了日本醫師在臺北開設醫院，是日本有系統引進現代醫學的開始。後來幾年又陸續有許多相關措施，例如開辦醫學教育、培育臺灣醫師、健全防疫措施、改善公共衛生等等。今日的臺大醫學院的前身就是在這段期間設立的。在官方重視並鼓勵下，醫師的地位比起古代大爲提升，青年精英份子紛紛投入醫學工作，直到現在，臺灣父母還是希望小孩未來能當醫生。

而日治初期的這一連串政策，幕後有個重要推手，就是學醫出身的後藤新平。（名字好耳熟對不對？不好意思，你想的那個是工藤新一[185]。）他來臺擔任民政長官共八年，除了規畫醫療衛生的發展之外，也有計畫性地推動臺灣現代化。如果我們說清末臺灣的現代化是地方性的、被動的，那麼從這時開始的現代化就是傾國家力量全面啓動的政策。在這段時期，自來水、下水道的工程迅速進行，派人進行土地、戶口、林野、風俗的調查；清末就漸有雛型的電力、鐵路、郵政等，在日本人手裡也重新建設或擴充。

在經濟上，引進新式製糖工業，也就是我們今日看到臺糖的那種糖廠，使得臺灣糖業更加發達。我們今日在便利商店買得到的明治巧克力，其實就是日治時代開設於臺灣的明治製糖工廠，其相關公司所研發的商品。（對，我又在沾光了，不服氣咬我啊～）另外也制定新貨幣，稱爲「臺灣銀行券」；在這之前，臺灣市面上有一百多種貨幣流通（太多了吧），後來由這種「臺灣銀行券」一統天下，解決了幣值不穩、使用不便的缺點。最早的臺灣銀行券是一八九九年發行的一圓銀券，當年和日本龍銀（銀幣）同時流通。當時的人考

185：漫畫《名偵探柯南》主角江戶川柯南的本名。

慮到龍銀再怎樣還是有金屬的價值，但若政府倒臺了，銀行券就只是一張廢紙，因此龍銀還是比較受歡迎。直至今日，一圓銀券由於保存量少，基於物以稀為貴的定律，據說在古錢市場，一張這種最早的一圓銀券，反而可以換一百枚龍銀。

額外講一點舊幣的小故事

時間快轉一點，日治時期中後期又有「百圓」面額的臺灣銀行券發行，這種紙鈔背面印有檳榔樹圖案，因此民間俗稱「青仔欉」。當時學校老師的月薪約十七、八圓，而且這樣的薪水已經是小康之家了。我個人的粗略算法是，一九三〇年前後的一圓，約等於今日一千五百元到兩千元的購買力（一圓是一百錢，因此一錢約等於今日十五元到二十元購買力）；也就是說，一張這種百圓券，等於今天十五萬元到二十萬元的購買力。現在我們很難想像掏出一張鈔票，可以買二十萬元的東西；而在當年，這種面額的鈔票對社會底層的艱苦人而言，也等於是太上老君仙丹之類的寶貝，一輩子都沒機會見過。因此「毋捌看過青仔欉」[186]成爲取笑人見識淺薄的俗語。我聽過一個民間故事，說某甲在山路上走著，遠遠看到前方路中間有一張「青仔欉」，急忙趨近一看，鈔票又消失無蹤。他驚疑地向前走去，遠遠回頭一望，青仔欉又在剛剛的路中間！某甲又折回視之，還是沒看到錢。

他回村裡跟人講起這件怪事，村裡老人跟他說，百圓券乃是人間至寶，有緣有福的天選之人才能得之，他福緣不夠，所以看得到摸不到。某甲不信，回到山路等候，遠遠盯著這張百圓券，只見路上行人來去，沒有人望向鈔票一眼。不久來了一名婦人，突然發現這張鈔票，撿起檢視，心滿意足地走了。某甲這才相信百圓券是有靈性的，自己會挑選主人。這種故事在古代都是由一罈銀子之類的當主角，想不到到了現代，官方發行的紙幣也榮登傳說要角，可以想像對民間百姓而言，它的價值根本頂天了。

這麼大面額的紙鈔，以前的大富人家怎麼花用我不知道（比如會不會拿來點火抽鴉片煙），但一般老百姓是當嫁妝用的。有些老阿媽往生後，後代嫌老阿媽當年嫁妝帶過來的衣櫥老舊，搬出去賣給舊貨店。這些買賣古民藝的商

186：沒看過青仔欉。

人，收到老衣櫃的第一件事，就是把所有抽屜拉出來檢查，檢查目的有二：一是檢查有無蛀蟲需處理。二是檢查衣櫃裡有無夾帶雜物。衣櫃賣出來之前，家屬一定都大略清過，流到商人手裡還有雜物的話，通常只有兩種可能，一是這玩意兒極薄，例如鋪在抽屜底層的舊報紙；二是這東西藏在極隱密的縫隙，例如百圓銀行券。舊報紙有些從日治時代鋪好便沒換過（所以阿媽有七八十年沒整理過衣櫃了），就算不是什麼重大日子的一般報紙，今天大概也能賣個幾百塊。而藏在衣櫃的「青仔欉」，都是當年阿媽的保命基金，對折三次塞在縫隙，連兒孫都不知道。因此古錢市場的百圓券，幾乎都是「三折」，你逛古錢社時若看到標籤這麼寫，別以爲商家優惠特價打三折，那是指鈔票本身有三道摺痕。相對的，完全沒摺痕的「青仔欉」因爲少有，價值更高。

雖然日本領臺初期創業維艱，損耗了巨大成本，使日本當局曾經一度想把臺灣賣給法國算了。然而在後藤新平主持的各種建設與調查之下，到一九〇四年時，臺灣財政便已經足以自力更生，不需要再向日本中央討補助了，這時日人領臺還不到十年。

你有狼牙棒，我有天靈蓋

上述政策雖然聽起來頗為美好，然而我們仍然不能忽略這些都是為了「殖民」而做的準備。所謂殖民，就是一個比較強大的國家，延伸它的主權到一個新的領地，並且不平等控制新領地的住民，為國內製造最大的利益。當然在這部分，不同學派的定義會有一點點不同，甚至會討論到從荷西、明鄭、清朝、日治乃至戰後是否都算殖民政權等議題。而日本在初期統治過程中，依然會遇到臺灣民間的反抗力量，成為推動殖民主義的絆腳石，於是日本人稱呼這些抗日份子為「土匪」。這個難聽的帽子幫你先戴好了，接著上臺宣布：「土匪，任何時候都要剿～不剿不行～」[187]要剿匪就名正言順了。

從一八九五年到一九〇二年間，臺灣每年都發生地方性的抗日游擊戰，其中以三隻貓科動物的勢力最大，分別是北部簡大獅、中部柯鐵虎、南部林少貓，人人稱他們為「小虎隊」……不好意思說錯了，人人稱他們為「抗日三猛」。雖然後世通常將他們塑造為「抗日英雄」，然而他們——尤其是後兩位「虎」和「貓」——其實比較近似地方角頭，占地為王，與日方簽約互不相

187：出自電影《讓子彈飛》，原句為：「麻匪，任何時候都要剿，不剿不行，你們想想，你帶著老婆，出了城，吃著火鍋還唱著歌，突然就被麻匪劫了！所以，沒有麻匪的日子，才是好日子！」

犯。然而日本經過明治維新後，已經進化為現代國家，哪裡肯讓你地方角頭阻礙殖民統治的腳步？不到幾年就藉口出兵把你給滅了。

抗日三猛相繼被升天[188]後，臺灣人的武裝抗日頻率降低，直到一九一五年噍吧哖事件結束，平地發生的武裝抗日事件才畫下休止符。噍吧哖事件的主角是余清芳，他平日熱衷於宗教，是一個專業的「桌頭」。廟裡乩童讓神明上身後，會用木架在神桌上的沙盤寫字，通常寫的字根本是「神畫符」，雖然不是「鬼畫符」，但一樣沒人懂，這時候就要有識得神諭的人來擔任「桌頭」，解釋神明的文字。余清芳深諳此道，也知道如何利用宗教力量與一些反日同志聯手，大肆宣傳「要聽神明的話」[189]，神明指示日本已經占據臺灣二十年，期限已滿該滾回去了，臺灣已經出現「真主」，會帶領臺人抗日，建設「大明慈悲國」，建國之後人民一律免稅，不受法律約束。這種口號顯然是被日本抽稅壓迫到花轟[190]了，發起矯枉過正的反動。

這場抗日活動是一場革命，可惜只是有勇無謀的激情。神明並沒有讓余清芳他們的傳統刀劍和宗教法器打贏現代槍砲，主事者一一被處死，逮捕一千多人，其中有八百多人被判死刑，此判決震驚國內外，連日本當局的國會議員

188：「被升天」就是雖然當事人不想升天，但在當局的堅持之下，還是升天了——就是被殺啦。

189：日本有部漫畫名為《要聽神明的話》，此處借用該書名。

190：發瘋。

都覺得太過誇張，於是在執行九十五個死刑後臨時喊卡，改判無期徒刑。前面九十五個先被處死的還眞是死不逢時啊。

此抗日行動爆發的地點在噍吧哖（今臺南玉井），因此稱爲噍吧哖事件。此事件之慘烈，以及日本當局的霹靂手段，讓聽到消息的臺灣人都驚呆了；此後平地人都乖乖當順民，沒有人傻到敢抄傢伙跟日方決鬥。不，更準確地說，抗日還是要抗的，只是不拿刀槍抗日了，改用嘴巴和紙筆，以演講和文章抗日。因此說噍吧哖事件，是臺灣從武裝抗日轉入非武裝抗日、社會運動的分水嶺。

老師常說知識就是力量，這句話居然是眞的

而要說社會運動的開端，還得從日治時代引進現代教育的影響說起。

先前我們談過清代的教育，當時私塾是最普及的教育場所，可以想像成像補習班那樣，老師在家或受聘到某處開班授課。日治之後，廢除科舉考試（除

了有少數讀書人仍偷溜到清國參加，不然讀了大半輩子要幹嘛），改推新式教育。由於是殖民政策，沒有給臺灣人「吃太好」，所以分成臺灣小孩就讀的「公學校」和日本小孩讀的「小學校」，兩者課程深淺有別。不過，日本當局漸漸注重「普及教育」和「技術教育」這兩塊，於是大力鼓吹臺灣人接受教育。

雖然教育上遭遇不平等，但對臺灣人而言，與前朝相比，就學率已經進步很多，這個「進步很多」是以幾十倍在算的。好比說，清朝男子識字率究竟多少？因爲當時畢竟沒有義務教育，有些學者有不同的估計數字，有些人認爲大約是百分之十幾。至於清朝女子的識字率，由於傳統「女子無才便是德」的影響所致，更是低到令人掉淚，可能只有百分之一，這個之一的女子還大多因爲自己父親就是老師，所以才學會識字的。但是在日治後期，臺灣兒童的就學率已超過百分之七十。因此，新式教育把整個新觀念、新文化帶了進來。人民懂得利用文字這項工具，開始廣泛閱讀，於是思想就慢慢關不住了。

臺灣人在新式教育制度下，慢慢地一路往上讀，當時曾有「臺灣的劍橋與牛津」美譽的「臺北師範學校」及「臺北醫學專門學校」，簡稱「北師」和「北醫」，培育了後來社會運動的主要領導者。這兩所學校是臺灣人的最高學府。若還想往上讀書，那就必須到外國或日本讀大學才行（臺灣第一所大學「臺北帝國大學」，也就是今日的臺灣大學，至一九二八年才設立）。

剛剛提過噍吧哖事件爆發的一九一五年，這一年恰好也是社會運動關鍵性萌芽的時刻。萌芽之前要先有種子，這個種子是在前一年——一九一四年由一個日本人種下來的，這個人叫做板垣退助。

一封信影響臺灣民主運動

板垣退助是很妙、很反骨的一個人。他本是日本明治維新的功臣之一，到一九一四那年來臺時已經七十好幾了。日本伯爵板垣退助來臺，提倡成立「同化會」，面對日本官方時的說法非常動聽，說是要讓臺灣人成爲眞正的日本人，因此所到之處都獲得臺灣民眾熱烈歡迎；但其實臺灣民眾眞正目的是要求消除日本人對臺灣人的差別待遇，包括臺灣人也想參政啦，臺灣人的薪水要和日本人一樣等等。

191：改編自光良的歌〈童話〉：「你哭著對我說，童話裡都是騙人的。」

192：NBA球員上場受挫，退場時常坐在板凳狂喝開特力運動飲料，故網路常有「板凳球員」「怒喝開特力」等諷刺語。

當時林獻堂、蔡培火、蔣渭水都參加了同化會，然而這種假裝歸順其實要求權利的伎倆總督府早就看出來了。隔年，也就是一九一五年便禁止同化會活動，臺灣人的熱切期盼爲之一挫，怒吼「同化裡都是騙人的」[191]。林獻堂反正家大業大日本人也動不鳥他，反而是在公學校當老師的蔡培火，因爲參加過同化會被fire掉了。（蔡培「火」被「fire」，喂雙關語耶，笑一下吧。）一般人遇到這種鳥事，大概只能回去坐板凳怒喝開特力[192]；然而咱們火哥受此挫折，你猜他決定幹嘛？他一怒去攻讀學位，果然不是簡單人物。

根據我收藏的蔡培火書信草稿，一九一五年三月二十四日，他寫了一封信給林獻堂，大意是說：聽板垣退助演講時，有緣遇到林大哥很榮幸啦；現在小弟被日本陰了沒有工作粉口年[193]啦；小弟認爲要爲臺灣人謀求眞正幸福，一定要有更高深的學問，所以想到日本讀書啦；可是小弟傾家蕩產就連船票都湊不粗奶[194]，而且上有老母下有妻小，麻煩大哥賞個臉資助我去日本讀書，等我學會高深武功再重出江湖大戰光明頂[195]云云。

蔡培火不知哪來勇氣、哪來膽識、哪來臉皮跟林獻堂要錢（右手背拍左手心），一般活老百姓收到這封信，大概罵聲「神經病！」就關電視了[196]。可

193：很可憐。

194：出來。

195：金庸小說《倚天屠龍記》劇情。主角張無忌意外學得乾坤大挪移後，一復出便遇到六大派圍攻光明頂，於是大展神威技壓全場。此段占全書三十分之一，每次看《倚天屠龍記》我都只看這一段。

196：出自周星馳電影《賭俠》。周星馳寄了一捲毛遂自薦的錄影帶給劉德華，希望能拜在賭神門下。劉德華看完影片之後唯一的反應是罵了一句「神經病！」然後關電視。

是林獻堂不愧是霧峰林家一擲千金的阿舍，人稱「三少爺的錢」（不是三少爺的劍嗎[197]），二話不說就支助蔡培火出國留學。（ㄟ豆～可是當時去日本讀書不算出國耶。）火哥到日本之後，又做了不少事，包括信了基督教、擔任《臺灣青年》雜誌編輯、寫出「臺灣是臺灣人的臺灣」不朽名句等。

一九一五年這一年，用古典章回小說的話來說叫做「合該有事」，除了剛剛提過的發生噍吧哖事件、同化會被禁、蔡培火被革職、蔡培火留日之外，還發生一件大事：林獻堂的胃不舒服。

先別翻桌。我等小老百姓得了胃病，當然完全不會影響歷史的軌道。但林獻堂何許人也？林家三少爺，林、獻、堂、耶！他得了胃病，這一病竟病出了海外的留學生運動。

我也好想認識林獻堂這種朋友

林獻堂因胃病至日本醫治休養，順便探望在東京留學的子姪，因此結識

197：《三少爺的劍》是古龍的武俠小說。

了在日本的臺灣留學生。這些留學生都是開過眼界、具有新思維、充滿幹勁的年輕人；他們想要組織一個團體，藉以影響臺灣的思想改革、文化運動，並推大家長林獻堂爲會長，於是日治時代最前衛的少男團體「新民會」就成立了！

在此稍做暫停，解釋一下這個看似橫空出世的林獻堂到底是怎樣的人，爲什麼他能受到留學生的推崇，成爲整個運動的大家長。

林獻堂，臺中霧峰人。出身從清代就發跡的霧峰林家，這一家族在清代到日治初期，是僅次於板橋林家的臺灣第二大地主。一八九五年日軍征臺時，林獻堂小弟弟率領家族大小四十餘口至福建泉州避難，當時他才十四歲。十九歲因父親過世而當起家長，掌握臺灣中部極多土地與財力。這種人人稱羨的人生勝利組，卻選擇了走崎嶇的路，他的一生與錢財有極大部分都耗費在投入社會運動上。

一九〇七年，林獻堂在日本旅行時，聽說他的偶像梁啓超也來了。梁啓超是清末改革的大將，而林獻堂相當關心清國局勢，對於梁兄這號人物自然十分敬仰。本來到處找他找不到，後來意外發現，梁啓超有這麼巧根本和自己住同一家旅館，於是便邀請會面。兩人相見，默然無語，並不是因爲兩人眉眼傳情無聲勝有聲，而是梁啓超只會講粵語，林獻堂只會講臺語，語言完全不通，因此只好使用寫字加超級比一比[198]的方式進行交流。林獻堂問梁兄，如果臺灣人想脫離日本統治，中國可否能幫助？梁啓超寫，中國自己都亂成一團了，三十年內不可能替臺灣出頭。臺灣想要出頭，只能想辦法學愛爾蘭人，在英國國會裡取得席次，以左右政局。這建議影響林獻堂太大了，注定林獻堂走上支持溫和改革派的路線。

由於林獻堂打定主意要讓臺灣走向自治的道路，加上家有龐大資金可當後盾，當然跟留日的這些窮學生們一拍即合，難怪林獻堂這個年紀快可以當大家老爸的大叔，會被推選爲男孩團體的團長。

新民會當時重要的工作有幾項，一個是創辦《臺灣青年》雜誌，這是臺灣史上第一本臺灣人辦的社論雜誌，也是後來幾經改組，成爲《臺灣》《臺灣民報》《臺灣新民報》《興南新聞》等刊物的前身——如果各位有興趣知道這報紙後來發展的話，《興南新聞》在日治末期被併呑叫做《臺灣新報》，戰後由國民政府接收，改稱《臺灣新生報》，至今仍在。

198：九〇年代綜藝節目《超級星期天》的遊戲單元之一。參加者以比手畫腳的方式，將題目傳達給下一位參賽者。

你突破盲點了，呈祿[199]

新民會當時另一個重要工作是「《六三法》撤廢運動」。早在日治的第二年，日本國會就通過《六三法》，把行政、立法、司法交給臺灣總督，臺灣總督在臺灣等於就是個土皇帝。一九二〇年，林獻堂、蔡培火等在東京說，我們應該堅持「反《六三法》」，把這個惡法廢除了，臺灣人才有出頭的一天；可是林呈祿等人主張「反『反《六三法》』」，原因是你如果撤銷《六三法》，臺灣就完全與內地一致（這裡的內地不是南投也不是中國，是日本），那臺灣就完完全全跟日本沒兩樣，臺灣人也完全變日本人了；而且若廢除《六三法》，完全拿日本的法律來臺灣施行的話，依照《選舉法》，臺灣大約會有三十位議員進入帝國議會，然而日本議員卻有五百人之多，臺灣議員就算跟葉問一樣一個打十個都打不過人家。但是！不撤銷《六三法》，難道臺灣人就任憑這惡法魚肉？大家一怒之下，又主張（反「反『反《六三法》』」）（夠了喔），總之因爲有人的反對，使得「《六三法》撤廢運動」無疾而終。

「《六三法》撤廢運動」雖然沒有成功，並不代表這群人就默默接受被

199：模仿推理小說《福爾摩斯探案》中臺詞。每次福爾摩斯的助手華生終於頓悟破案關鍵時，福爾摩斯就會讚許：「你突破盲點了，華生。」後來在網路被廣泛使用於稱讚有人想通或講出中肯評語時。變體為「你突破盲腸了，華生」或「你突破華點了，盲生」等。.

日本人騎在頭上，於是大家就改變戰術，希望在臺灣能夠有個議會，將立法權還給臺灣人民。

這招比剛剛的「《六三法》撤廢運動」還高招啊，立法權還給臺灣人民，臺灣人民就可以嘿咻嘿咻落介咻一聲，推翻掉《六三法》給予總督的立法權了啊！而且臺灣有自己的議會，臺灣就有自己的特殊地位了啊！而且更絕的是，設置臺灣議會，還是基於日本立憲政治的精神的唷！所以你臺灣總督府掌握立法權及行政權，根本違反憲法精神，應馬上將立法權還給人民，逐家講好毋好啊!!（叭叭叭～）[200]這麼酷的點子，正是明治大學法科出廠的林呈祿想的，大家不禁問他：「你法律系？」對啊他眞的是[201]。

於是從一九二一年開始，由林獻堂領銜，號召臺灣人聯名簽署的臺灣議會設置請願運動就開始了。這是日治五十年來持續最久的政治運動。每年就這樣找了一大群人，浩浩蕩蕩坐船到日本國會去遞交請願書。（據蔡培火在日記的紀錄，蔣渭水會順便去找老相好的櫻花妹相好一下，阿火哥你眞夠八卦的，我喜歡！）

而每年這樣一群人浩浩蕩蕩去遞交請願書，成果如何呢？只有照例得到

200：模仿選舉造勢場合的口號與喇叭聲。

201：「你XX系？」為網路用語。二〇一五年四月發生多次地震，藝人在網路發言表示因為下雨引起地震，遭網友反駁，該藝人反問：「你是地質系的嗎？」後來在網路上將這句話從反諷轉化為稱讚，若看到有人發表專業文章，便可留言「你XX系？」，如我已經被多次留言「你藏書系？」「你髒話系？」「你蠹魚系？」「你臺文系？」「你臺史系？」等。

官方送你三個字「想得美」（官腔叫「不採擇」），一票人摸摸鼻子又浩浩蕩蕩坐船回臺灣，然後臺灣的大家浩浩蕩蕩組隊迎接浩浩蕩蕩的這群人。每請願一次就要花三到五萬日圓。林獻堂身爲大地主，每年收租入帳約四、五萬元，而花在議會運動贊助的錢就燒掉一半了（當成燒金紙嗎），加上同志因公因私向他借錢他也來者不拒，哇塞每年這樣林獻堂不知道都要贊助多少錢，人稱「社運人肉提款機」果然不是蓋的！

出來混，遲早要還的[202]，被關就當練等級[203]吧

在經過兩次這樣浩浩蕩蕩的請願運動之後，運動領導者蔡培火、蔣渭水等認爲應該要設置一個幫派來跟這萬惡朝廷長期抗爭，於是在一九二三年成立「臺灣議會期成同盟會」，結果咧結果咧，結果咧結果咧[204]～～總督府認爲這個組織違反《治安警察法》，一九二五年就把同盟會裡一狗票人統統拿去做雞精[205]……統統抓去關啦，史稱「治警事件」。這個治警事件令人意外的是，在

202：出自電影《無間道》著名臺詞。

203：指電腦遊戲中，主角不斷訓練以提升自己能力的等級。

204：出自歌唱團體「大嘴巴」的歌〈結果咧〉。會唱的朋友請跟著唱。

205：出自雞精廣告。指養雞場裡健康的雞都要拿去做雞精。

初審判決時，被告全判無罪，因為日籍法官居然還同情他們，認為他們只是想表達三百萬臺灣島民對日本當局的意見，成為法院認證的臺灣之光[206]。是檢察官不服上訴，在二審才判決其中十二人要關四個月到三個月不等。

在「治警事件」中，被關的這些人都被臺灣民眾當成英雄看待，還擠在大道上一路歡送這些人到監獄，想像起來跟萬人送仲丘的人潮差不多。（好啦人數沒那麼多。）其中蔣渭水、蔡培火兩人被判最重，關了四個月（才關四個月？該偷笑了好不好，換個朝代，你就直接埋在山裡了。）（我說的是清朝，請勿做不當聯想，請勿查水表和發小禮物。）相傳蔡培火在獄中寫了〈臺灣自治歌〉，值得大家讀一下（眞的是值得讀，不是為了騙稿費我才抄錄的）（這麼多括號注釋才是為了騙稿費而寫的）：

蓬萊美島眞可愛，祖先基業在；
田園阮開樹阮栽，勞苦代過代。
著理解，著理解，阮是開拓者，不是戇奴才。
臺灣全島快自治，公事阮掌才應該。

206：「法院認證的XX」為網路用語。意為經過法院判決確認是何身分或罪行的人。

玉山崇高蓋扶桑，我們意氣揚；
通身熱烈愛鄉血，豈怕強權旺？
誰阻擋，誰阻擋，齊起倡自治，同聲直標榜。
百般義務咱都盡，自治權利應當享。

我個人對於學界普遍認爲「蔡培火一九二五年在獄中寫這首歌」的說法存疑，因爲依據蔡培火日記的原寫本來看，他自述是一九三一年寫這首歌的，但這不影響我們閱讀歌詞內容。我每次讀到「著理解，著理解，阮是開拓者，不是憨奴才」，就熱淚盈眶。（在本書熱淚盈眶第幾次了？哭點低無法度。）

蔡培火除了被關的這一年，無法領導參加臺灣議會設置請願運動之外，直到一九三四年的第十五次請願，他年年參加，眞的是林獻堂的好麻吉。難怪林獻堂曾說「就宗教的部分，有一半以上是蔡培火影響我最大」；蔡培火更曾在林獻堂老婆面前直言「在肉體上你們倆是夫妻，但在社運和精神上我和林獻堂更像夫妻」，天哪這告白也太前衛了!!好啦他們是指社會運動的投契，是我自己猥瑣齷齪思想不純正，我自掌耳光可以了吧。

到一九三五年，總督府跟這些人講，ㄟ豆你們不是一直喊說想要爭取地方選舉嗎？我們來談個條件，我開放地方選舉給你們玩，啊你們不要再到日本鬧了好不好？林獻堂、蔡培火說好，反正這麼多年來，同化會、議會請願、一些有的沒的激進的溫和的大小團體、蔣渭水創的臺灣民衆黨，沒有一個有實質成果的，現在終於有一點點小成果，所謂先求有再求好，不滿意但可以接受，就同意了。蔣渭水也沒表示反對，因爲那時他已經死掉三、四年了。（喂！）

總之，就這樣畫下臺灣議會設置請願運動的句點。換來的是臺灣市會及街庄協議會員選舉，雖然這場選舉訂下種種限制，也被一些人譏爲「假選舉」，不過總算是臺灣史上第一次選舉，從一九一四年的「同化會」開始，多少人被關、被辱，咬牙經營了二十餘年，最後終於換得了臺灣民主政治的第一步。

以下的事情是和議會運動一起發生的，這叫倒敘法

剛剛是議會運動的部分，我們再倒帶一點點講文化運動的部分。在堂

哥、火哥搞臺灣議會設置請願運動搞得如火如荼[207]之時，精神也感召了原本在圈外的一位醫生——蔣渭水。

蔣渭水是讀北醫出身的醫師，並未在東京和「新民會」少男團體共襄盛舉；然而林獻堂領導的臺灣議會設置請願運動卻燃起了他的政治魂，他也開始思考，臺灣人普遍智力測驗沒過[208]，民智未開，他身爲醫師，得想辦法醫治臺灣人的「群衆病」。

民智未開，那當然要從文明開化著手。於是在臺灣議會設置請願運動同年的一九二一年，「臺灣文化協會」在臺北大稻埕創立了，會員數立馬破千。臺灣文化協會致力於文化啓蒙運動，也就是著重在民衆的社會教育，因此在臺灣各地舉辦各種研習、課程、演講、戲劇還有當時潮到出水[209]的看電影，吸引無數民衆參加。例如我阿公，一生偉業只是在農村做做豆腐，偶爾存點小錢能吃個牛雜就算鴻鵠大志的草地人，年輕時也到鄉村聽過蔡培火演講。（沒錯，阿火哥又要出場被我消費了，他是臺灣文化協會專務理事。）當時聽過文化協會演講的群衆，以數十萬計。

蔡培火當時在文化協會中，提倡推行教會羅馬字（就是第5章講過，傳

207：對啦如火如荼啦，你很沒幽默感吶。

208：二〇一四年縣市長選舉被鄉民開玩笑稱為「智力測驗」：民智未開而投給糟糕的人，使糟糕的候選人當選，鄉民便嘲笑該縣市「智力測驗沒過」。

209：「潮」指很趕得上潮流、很時尚。「潮到出水」就是時尚到不行。

教士帶來拼寫臺語的文字），希望能因此讓大衆快速識字，掃除文盲。另外他還將同仁們送給他母親的生日禮金捐出，拿來買電影播放的機器與影片，組織爲「美臺團」，到各地放映以推廣文教。當時播放的影片，今天如果上傳到YouTube大概放個一年觀看次數都不會破五十，因爲都是一些「丹麥之農耕情況」「丹麥之合作事業」之類的影片（怎麼不放一些「丹麥的天體營」之類的呢），但是電影對當時的人而言根本和霹靂車一樣是尖端科技的結晶[210]，打斷腿用爬的也要爬起來一看眼滿足好奇心，加上票價是佛心成本價十錢（根據前面我說過的不嚴謹估價，約等於現在新臺幣一百五十元，拿來看場電影是不貴啦），可說場場爆滿，一再加映。雖然影片是社教主題，但講解影片的「辯士」可以指桑罵槐、話中有話，將影片內容偷渡到諷刺當前政治，因此也常常被警察警告或終止。就跟現在很多網路漫畫家，本來是畫小品題材沒人看，結果偷渡政治題材就爆紅了一樣，大家就是愛這一味的嘛，您說是吧。

雖然蔣渭水創辦臺灣文化協會之初，再三向警務當局保證這協會僅只從事文化活動，不會涉及政治活動，但偶爾仍然不可避免地染上政治色彩。好比辜顯榮等親日商人爲了阻礙臺灣議會設置請願運動，舉行「有力者大會」，宣

210：八〇年代知名美國影集《霹靂遊俠》的開場白：「霹靂車，尖端科技的結晶……」

稱自己代表沉默的大多數[211]，反對此議會請願運動。臺灣文化協會總理林獻堂算是挺無奈也挺幽默地成立「無力者大會」，向「有力者大會」表態「你好大，我好怕」[212]，在北中南各舉辦一場活動。臺灣的文化與政治，在林獻堂、蔣渭水、蔡培火等人的領導之下，掀起一波又一波的高潮，簡直比今天看政論節目還刺激。

不過臺灣文化協會的壽命並不長，因爲後來社會主義崛起，年輕一代的會員更加激進，他們嫌林、蔣、蔡這些老傢伙再怎麼改革，還是屈服於體制；年輕的會員要求的是當「衝組」，進行更衝撞體制的社會運動。結果在文協成立六年後的臨時會中，林、蔣、蔡這些創會元老反而退出文化協會——這個會留給你們年輕人自己玩。此後新的文協則越來越左傾[213]，當時他們也不以爲意，反正十個男人有九個向左的嘛，左派有什麼不好。但是到後來，新文協就眞的左到變成臺灣共產黨的外圍組織了，再過不久便正式被日方瓦解。年輕人終究還是年輕人，太衝動了[214]。

211：「沉默的大多數」是二〇一四年縣市長選舉競選廣告的名臺詞。

212：「你好大，我好怕」是二〇一二年抗議民眾對龐大媒體勢力呼喊的諷刺口號。

213：「左派」「右派」是政治的簡略二分法，激進改革為左派，保守漸進為右派。

214：這句話是周潤發電影《賭神》中賭魔陳金城的口頭禪。

算命先生說你們兩個命中帶煞，去找詹惟中[215]老師改個名字吧

林、蔣、蔡退出文協之後，蔣渭水便想乾脆組一個政黨，因此另創臺灣第一個政黨「臺灣民眾黨」。然而當時臺灣總督府開出條件，第一是不能信奉民族主義，也就是不准說臺灣人是臺灣人、日本人是日本人之類的話；第二是危險人物蔣渭水不能當黨內重要幹部。兩樣條件令這些社運同志們起了爭議，尤其是有關蔣渭水這一條。有人說老蔣是我們的伙伴，沒有老蔣領導的黨我寧願不要。有人說我們要以大局爲重，先求有再求好，犧牲老蔣一人可以換一個黨，CP值不高嗎？後來雖然臺灣民眾黨順利成立，但也因此埋下一些齟齬，尤其是蔣渭水和蔡培火兩人。

這兩人從名字就看得出來合該當死對頭，在日治時代被人並稱「南火北水」，但也傳出「水火不容」。這兩人不和原因，學者的說法是兩者因有地域性的角力，也就是臺北的蔣派人馬和中南部林、蔡派人馬的心結；而蔣渭水本身的思想和林、蔡二人漸行漸遠也是原因。蔣渭水當年雖然因爲新文協的左傾

215：臺灣的命理老師，常上談話性節目或綜藝節目。

而出走，但其實他自己也越來越左[216]，左到後來容不下右派的蔡培火，於是將他開除，林獻堂隨後也辭去臺灣民眾黨顧問一職。

而蔡培火怎麼看他與蔣渭水的心結？在蔣渭水往生那天，蔡培火的日記在哀悼之餘不忘非議他一下，首先說蔣渭水不信神，致使他私生活很亂，對男女貞操觀和蔡培火完全相反。蔡培火最先和他起衝突的問題，就是性的問題，說蔣渭水去東京策動臺灣議會請願，還公然抽空去找他以前發生過關係的櫻花妹。蔣渭水對他的正室很壓制，而他寵愛的小妾也曾跟蔡訴苦，說蔣還跟醫院裡的護士發生關係、禁止小妾下樓——多勁爆啊，原來搞ㄈㄈ尺[217]、玩小護士，八十年前就有了啊!!想不到蔣先生吃這麼好啊!!我八十年前在做什麼、我八十年前在做什麼啊!!（激動）……咦我八十年前還沒出生，喔沒事沒事。蔣渭水第二個缺點是喜新厭舊，他的思想不連貫，做事是爲了表現自我，不是爲了大局。第三他見識淺薄，看事不精、識人不明，善於利用人卻沒誠意。

雖然罵成這樣，但畢竟是十年來共同抵抗日本的老戰友，日記最後提到，蔡培火去探病時，蔣渭水伸手邀蔡培火跟他握一握，交代說臺灣的運動已經進入第三期，叫舊同志要援助青年。我讀這段時很是感動，不禁讓我想起

216：戰後國民政府為了沾蔣渭水的光，大肆宣揚蔣渭水推崇孫中山之事。但不敢講蔣渭水最後傾向左派，走向社會主義、共產主義。

217：Cross Cultural Romance縮寫「CCR」的形似字。異國戀。

《神鵰俠侶》中洪七公和歐陽鋒死前相擁大喊「好歐陽鋒！好歐陽鋒！」死敵大和解的橋段。但很掃興的是，蔡培火完全不懂已經走入共產主義的蔣渭水在講什麼「運動進入第三期」，只覺得蔣渭水至死仍壯志未酬，非常可憐。（蔡培火並不知道，自己後來活到九十幾歲，但也一樣壯志未酬！）

八十年前某夜日本車站裡的激情四射

臺灣民眾黨成立四年後，被當局取締解散，那年夏天蔣渭水就死了。而當時已經早就不是黨員的林獻堂、蔡培火在忙什麼呢？他們正在為「臺灣地方自治聯盟」奔走。蔡培火在一九三〇年前後這段期間的身分很特殊，他曾是《臺灣民報》報社的重要幹部，薪水優渥，但他自願放棄這個職務，全心推行羅馬拼音和地方自治等運動。我讀他的日記時，常納悶這個人到底是幹什麼吃的，因為從日記紀錄中完全看不到他有在上班賺錢的樣子。林獻堂是地主、蔣渭水是醫生，其他參與文協、臺灣民眾黨、臺灣地方自治聯盟的同伴也都從事各行各業，只有蔡培火是無業。眞是太強了啊，臺灣史上最強無業遊民這個獎就決定頒給你了啊！他根本就是倪匡小說筆下的衛斯理，沒有工作卻又有龐大資金資助他無事忙！

蔡培火身爲專業社會運動家，常常要搭船到處跑，到日本已經是家常便飯。他去日本也不是爲了搶購電子鍋還是吹風機，爲了臺灣議會設置請願運動，他每年固定去一次，此外還常常爲了聯繫日本有力人士、臺灣留學生而奔忙。比如在距今八十幾年前的日本東京，葉榮鐘要返臺前夕，蔡培火便與他約吃晚飯餞別。用完晚餐，他們還一同去看了電影，電影散場後，兩人散步到火車站，蔡培火語重心長地對葉榮鐘說：「葉君！我覺得我有必要時時陪在你身旁，我和你一起去照張相，讓你返臺後能時時帶在身邊，好嗎？」葉榮鐘說：「實不相瞞，其實這、這也是我想說的，如果是蔡君的話，可以唷～」於是，兩人留下合影。葉榮鐘將相片放入襯衫左胸口袋：「蔡君！這樣你就stand by me了！」蔡培火以無限憐愛的眼神看著葉榮鐘：「你少年心性浮躁，常受肉欲誘惑，我是知道的。但我期望你能把持得住。一般的小恩小情並不值得你感動，須知這世界上還有一樣事情，是永恆不變的，這件事你得緊緊抓牢！」

蔡培火：「我覺得我有必要
時時陪在你身旁。」
葉榮鐘：「如果是蔡君的話，
可以唷～」

（到底是什麼呢，是錢嗎？別吊人胃口啊！）

葉榮鐘的背景與蔡培火相似，都是林獻堂出資贊助到日本留學的學生。古代有孟嘗君養了食客三千，專門爲他做事，這種有錢人的行爲竟然是眞的；而林獻堂更令人值得敬佩的是，他花錢栽培人才，並非爲了替自己做事，而是希望他們替臺灣做事。這種胸襟是值得我們起立致敬的。好了，請坐。

葉榮鐘當時回臺，便是爲了籌備臺灣地方自治聯盟；這個聯盟的訴求是地方自治，地方機關代表應由民選。這個運動訴求比起其他團體來得溫和，當然也不免被其他激進團體諷刺譏笑。然而在日本當局的強硬態度下，臺灣民衆黨、新文協都一一被消滅了，臺灣地方自治聯盟反而是唯一能主張其訴求的團體。最後臺灣總督府同意舉行臺灣市會及街庄協議會員選舉，乃是臺灣史上第一次選舉，最後終於換得了臺灣民主政治的第一步，算是獲得小小成果。這幾句結論有沒有看起來很眼熟？沒錯，前面講過了，從文化運動講一大堆又兜回這裡來了，這叫首尾呼應，是高難度作文技巧，小朋友快學起來喔。

民主幼苗好不容易萌芽你又把它踩扁

然而，舉辦了地方自治選舉，算是臺灣社運的勝利嗎？可以算是，但這勝利一下子就像泡泡一樣「啵」一聲就妹油[218]了。一九三〇年代後，日本由於受到經濟大蕭條影響，大家窮到快被鬼拖去，有些財閥便與軍閥勾結，軍閥更希望能藉由侵略其他國家的資源來解決日本的問題。一九三六年，日本東京發生「二二六事件」政變，過程不談了，這件事的影響是造成日本近代史的分水嶺，使得日本正式走向軍國主義，也是後來日本加入第二次世界大戰的原因之一。有趣的是，二二六事件發生的當時，蔡培火也在東京。這人是怎麼了，凡是有他出沒的地方就有政治運動，簡直比走到哪裡，哪裡就有謀殺案的金田一還可怕[219]。

日本的軍國主義開始囂張後，開始有計畫地打壓臺灣的社運份子。林獻堂因爲在中國訪問時，講出「回到祖國」，因此被日本特務盯上；幾個月後，林獻堂參加公開活動時，一名日本流氓路過會場，以「愛國政治同盟」名義質問林獻堂的祖國問題，大聲嚷嚷不夠最後還動手打人。我寫到這段故事的時候

218：沒有。

219：漫畫《金田一之少年事件簿》的主角，不管參加什麼活動都會被捲入凶殺案中，與柯南並稱帶衰死神二人組。

感到非常有既視感，總感覺名爲愛國的團體，在公共場合跟人爭辯祖國認同，甚至還不惜爭執動手這件事，好像在哪裡也看過，彷彿是臺北信義區附近。

林獻堂由於挨了一記七傷拳，斷了政治參與的念頭，避居日本。一九三七年中日戰爭爆發，日本軍國主義終於伸出了利爪，局勢如此，臺灣地方自治聯盟也只得宣布解散，蔡培火回復眞實身分爲中華一番小當家[220]，攜全家至日本開餐廳隱居。從一九一四年起努力了超過二十星霜的社會運動，終於消失在檯面上。部分還努力從事抗日活動者，則轉入地下工作，例如從小聽臺灣文化協會演講而深受影響的史明，在第二次世界大戰爆發後，溜到中國投入抗日戰爭。

中日戰爭爆發，戰場發生在離臺灣千里之外的北京蘆溝橋，煙硝味如同今日北京的霾害一樣飄到臺灣。臺灣總督府開始緊張了，他們心目中的臺灣人，是和「支那人」同宗同種的人，今天日本與中國開戰，說不定會激發臺灣人的「祖國意識」，因此成立「皇民奉公會」推動「皇民化政策」，要把臺灣人洗腦成效忠天皇的皇民。

220：漫畫《中華一番》主角，外號小當家。這部料理漫畫著重在中華料理。

不知有沒有日本女生名叫松下問童子

皇民化運動的重要工作有國語（日語）運動、改姓名、志願兵制度等。國語運動廣設教育單位，鼓勵臺灣人學講日語，推行成果是臺灣人已有八成會日語，甚至有少數在當時出生的人根本不會講臺語。順帶一提，當時來臺的日本人有較大比例的九州人，可能是因爲九州到臺灣路程較短，可能是九州氣候與臺灣較像，可能是九州較窮苦所以較多人移出，這也造成臺灣接觸到的日語多是九州腔。作家楊照曾經在自己的文章中寫到，他少年時曾跟父親學過基本日語，上大學時修日文課，起來念課文後，平時端莊文靜的女老師終於忍不住大笑，說你明明是二十歲的男生，爲什麼口音像是歐吉桑，而且還有濃濃的鄉下腔調。不過，皇民化運動大力推行日語，倒沒有系統性地禁止母語；日治五十年，本土語言在臺灣僥倖沒有被消滅。

改日本姓名也只是鼓勵性質的，並無強迫，而且有資格改日本姓名的人還得要有一定程度社經條件，不是隨便路邊擔屎的撿牛糞的人都能改姓名。當時也有《改姓名參考書》供臺灣人參考。由於漢人極重視宗族傳承，姓氏不可亂改，所以新的日本姓大多還是跟原姓氏相關，表示不忘本。好比說林姓可以改爲「小林」（你好我是小林煎餅）、添筆爲「森」改爲「森永」（你好我是森永牛奶糖）。陳姓可以改爲「陣內」之類，也可以拆字變成「乃木田」（日本眞的有這個姓，想得出這招的人眞是天才）。當時改姓名的人並不多，根據資料顯示，到一九四三年時，臺灣改姓名的人只有百分之二；不過許多名人在現實壓力下也都改了姓名，例如先前提過的「林呈祿」便改名爲「林貞六」，他取巧沿用「林」姓，因爲日本也有這個姓；而臺灣膠彩畫之父「林之助」則改名爲「林林之助」。（有這必要嗎，你根本不必改吧！）

人在屋簷下，不得不低頭。這段期間，包括林獻堂在內曾參加社會運動的人士，也有不少被任命爲皇民奉公會中的幹部。葉榮鐘的詩作〈生涯〉精準地描述了這段時期的心情：

生涯如此何堪戀？妄想登仙豈盡愚。
無地可容人痛哭，有時須忍淚歡呼。
河山興廢誰能料？身世安危未可圖。

萬事唯憑天派遣，得糊塗處且糊塗。

這首詩無可挑剔根本滿分，想不到當時的葉榮鐘長得那麼像電影《讓子彈飛》裡的老七[221]，居然還是個大詩人哩。（這兩件事不相牴觸吧？）

快打完收工了，本章也快打完收工了

隨著戰爭的進展，臺灣人也越來越衰，從原來不必當兵（不是優待，是日本人不信任臺人），到開始徵召當軍伕（到軍隊打雜，地位比軍犬還不如），後來開始向臺灣人募兵。一方面因爲戰爭使得生活窮困不如去當兵給國家養算了，一方面是被皇民化洗腦成功，含血含淚也要爲國捐軀，還眞的有不少年輕人傻傻去當兵。這一去之後很多人便成爲異鄉之鬼，也有人躲在戰場的山林裡過了三十年原始人生活，直到被人發現時他還不相信戰爭已經結束了[222]。

不只被派去戰場的阿兵哥提心吊膽，留在臺灣的人也整天提防著飛機下

221：老七在電影裡的名句是：「大哥你是了解我的，我從來不做仗勢欺人的事，我喜歡被動。」

222：這個傳奇性人物叫做李光輝。

蛋下到自己頭上。當時來炸的大多是美軍，在地面種下爆炸後的蕈狀雲像是花椰菜一樣，一朵朵都是家破人亡的代價。甚至到今日挖地做工程的時候，還偶爾會挖到未爆彈。住在都市或工廠宿舍的居民，爲了避免自己成爲轟炸的對象，常跑到鄉間或山裡躲避，稱爲「疏開」。當時就有住在糖廠宿舍的日本人，跑到我阿公家三合院暫住。

日本原本打定主意就算是「玉碎」（全體陣亡）也要打完這場戰爭，結果吃了老美兩顆原子彈之後，發現就算日本有十隻哥吉拉也打不贏美國（要有十個江田島平八才行[223]），堅持玉碎根本和挑戰新接龍一一九八二局[224]一樣沒意義，只好宣布俺不玩兒了。

戰爭結束的消息傳至臺灣，總督府將消息扣押了一天，當天報紙甚至依舊報喜不報憂敘述皇軍奮戰的故事，至隔天才公布投降消息。這個隔天也就是一九四五年八月十五日，日本本土和當時被日本統治的韓國、臺灣等地，廣播電臺同時播放天皇親自誦讀接受《波茨坦宣言》的宣告文。（稍安勿躁，什麼是《波茨坦宣言》下文會提到。）這也是日本老百姓有史以來第一次聽見天皇的聲音，史稱「玉音放送」。臺灣人的反應百百款，有人自認爲是日本人因此

223：日本漫畫《魁！男塾》的惡搞。江田島平八是故事舞臺「男塾」的校長。該漫畫煞有其事地說美國總統戰後曾表示：「日本如果有十個江田島平八，二戰的結果也許就會改觀了吧。」

224：電腦作業系統Windows附贈的遊戲，設計者曾說「所有的牌局都有解」，但經過無數吃飽太閒的人試驗證實，第一一九八二局根本過不了關。

嚎啕大哭，覺得痛失爲國捐軀的良機；有人聽說日本戰敗後，臺灣將歸屬於中華民國，因此感動大哭。你哭我也哭整個街上大家涕泗縱橫，好像剛剛有人在這裡打翻了一噸胡椒粉似的。

就這樣，日本人開始收拾行李準備回故鄉、祖籍。臺灣人準備迎接新的政府。此時此刻，他們都料想不到，老天爺接著要怎麼編劇。

來不及講的故事，請搜尋關鍵字：

雲林大屠殺／樺山資紀／伊能嘉矩／生物學統治／臺灣教育令／大正民主／臺灣農民組合／臺灣共產黨／霧社事件／嘉南大圳／高雄州特高事件／新舊文學論戰／臺灣話文論戰

第7章 還沒成為歷史的歷史

投入媽媽的懷抱，幸福享不了

時間是二次大戰結束前兩年。當時中（ㄓㄨㄥ）華民國（ㄍㄨㄛˊ）[225]政府與日本打仗打滿六年了，中國將領也已經開始訓示士兵「我們八年抗戰剩最後兩年，快結束了」[226]。然而美、英兩國對於日本在太平洋的威脅仍然頭痛，他們決定除了去藥房買明通治痛丹紓解頭痛之外，還決定拉中國下水，共同牽制日本。畢竟中國與日本已經釘孤枝[227]釘了六年，中國自豪地宣稱咱們是「以空間換取時間」，其實就是跑給日本打，已經跑到快沒地方跑了。

英美很怕中國撐不住終於與日本談和，如此一來，尤其是美國，在太平洋戰爭面對日本將更加棘手。於是乎等於一個唱KTV臨時約個阿宅來當分母的概念，美英邀請中國的蔣中正委員長參加「開羅會議」，讓中國承諾牽制日本到底。當然臨時約阿宅來攤錢一定要給甜頭的，少說也要介紹個正妹，這個正妹，不用懷疑，就是臺灣澎湖啦。

於是，此會議的《開羅宣言》成爲美英中三國討論戰後如何分贓的承諾，其中規定「日本所竊取於中國之領土，例如東北四省、臺灣、澎湖群島

225：日本漫畫哏，在漢字旁邊用日本假名，以表現或暗示事實的真相。轉化成中文後，常用括號中的注音表示，例如「學生餐廳賣的自助餐最好（ㄜˋ）吃（ㄌㄢˋ）」「丁丁是個人（ㄅㄣˋ）才（ㄌㄢˋ）」等。

226：出自網路流傳的中國抗日戲劇截圖。問題是當時戰爭還沒結束，他們怎麼知道後世稱之為「八年抗戰」，還藉此勉勵士兵說戰爭快結束了？是編劇想脫稿休假想瘋了吧。

227：臺語的「單挑」。

等，歸還中華民國」。由於有這樣的宣言，決定了日本若戰敗，臺灣澎湖就即將歸還中華民國。這個訊息也在美軍轟炸臺灣島時，隨著傳單飄落。幾十萬份傳單從美軍的飛機丟下來，上面用日文及漢文呼籲臺灣人不要響應日本人的戰爭；還有張傳單畫著臺灣被一隻象徵日本的巨大魷魚捆住，旁邊則有兩大救星分別是面容慈祥笑得小日本心底發寒[228]的中華民國蔣中正與美國羅斯福總統，文字宣傳說：中美兩大強國給你掛保證，驅逐日軍，臺灣就自由囉～！這些傳單讓臺灣的日本警察忙得焦頭爛額，自己人撿不來，叫臺灣人撿又怕臺灣人瞄到內容瞬間被洗腦，眞是尷尬萬分。讓我想起我讀國中時某個週日回校上輔導課，女導師發現隔壁班的空教室不知被誰貼滿淫穢之至的A書圖片，不得不請我們去幫忙全部撕掉，大概就是這樣的心情吧。（這例子有類似嗎？）（不要問我那些圖片後來怎麼處理了……）

二次大戰結束前夕，美、中、英又發表《波茨坦宣言》，要求日本無條件投降，並重申《開羅宣言》的條件。沒多久，吃了兩顆原子彈的日本宣布接受《波茨坦宣言》，向同盟國（包括美、中、英等一堆國家）投降。臺灣人因早就聽說日本若戰敗要把臺澎吐出來，因此歡欣鼓舞，連中風的阿公都高興得

228：電影《賭神3》著名臺詞：「他好像永遠對著你笑，笑得你心裡發寒。」

突然能後空翻了，大家期待著祖國張開雙臂，臺灣人就要慢動作飛奔進媽媽的懷抱了。（老師，請下〈火戰車〉音樂！）

一九四五年八月，經歷過戰火的臺灣雖說百廢待興，但農林礦等自然資源基本上沒受影響，戰時大家吃得很差沒錯但還餓不死，人口密度適中，人民有紀律、有職業訓練，算是全亞洲最現代化的人民。雖然也發生有些日本人被臺灣人毆打之事，不過在臺人與在臺日人的合力之下，工廠、鐵路、電力迅速恢復工作。大家都引頸盼望祖國什麼時候要來接收，可是望啊望啊等啊等，等無心愛船入港[229]～怎麼老是盼不到咧。有時候傳消息說要來了要來了，民間連忙搭棚架備鞭炮買汽水煮好料準備迎接，結果又臨時通知說，中國的軍隊請生理假（最好是有）不來了，大家失望之餘只好把這些東西嗑光差點沒撐死，如此勞民傷財搞了好幾次，大家也平白無故每逢迎接胖三斤，我說中國軍隊你忽隱忽現愛來不來還真調皮啊！（捏臉頰）

229：尤雅的臺語歌曲〈等嘸人〉歌詞。

臺灣百姓史上最傻眼的時刻

中國軍隊一直就像遲遲不來的大姨媽一樣惹人精神緊張（我怎麼這麼了解呢），可是你不來，臺灣目前是政治眞空狀態不能不管啊！於是臺灣人自行組織了最酷的少男團體「三民主義青年團」，（雖然說當時的人也不懂啥是三民主義，不過總覺得這樣取名比較能和祖國接軌。）（等一下，話說現代人也不懂啥是三民主義啊！）他們不領薪水，義務維持各地治安工作，展現出臺灣人高度自治的榮耀。

好不容易等到中國那邊觀望夠了，確認臺灣島上的居民和日軍應該沒有攻擊中國兵的意圖，十月初終於有先遣部隊來臺，發表一些聲明：包括訂立該月二十五日爲日本正式投降的日子，而臺灣這個次等領土以及住上面的二等國民，由於長期處於「關外」（好吧，臺灣人變匈奴了），所以還沒受過眞正中國文化薰陶等等。雖然他們剛搭飛機到臺灣時，看到機場迎接的日軍抬頭挺胸、軍刀賊亮，有那麼膽寒了一下以至於爭後恐先（請注意我成語沒用錯）你推我擠要推別人先下機，不過從這段聲明看起來，也是滿進入狀況的嘛。沒錯啊是很進入狀況，進入中國一向以來對臺灣的狀況——我們第4章討論過清朝對臺灣的心態了，不是嗎？

雖然這番高論聽來有點怪異，但臺灣人正在高興得後空翻的當頭（對，剛剛那位中風的阿公還在翻，沒停過），也沒有計較這麼多，他說我們是二等國民便二等國民吧，慈母不也都罵自己的愛子說傻孩子嗎，給媽媽念一下又不會少一塊肉，重點是我們可以自治啦!!臺灣人可以出頭啦!!日本人的產業、土地、資金，要重新發還給政府和人民啦!!太嗨了我要再後空翻八百次!!

十月中旬，接收的中國軍隊一萬兩千人終於正式來了。美國第七艦隊護送他們進入高雄和基隆。兩個港口擠滿了充滿希望、誠摯歡迎的民眾，擁擠的程度和期待的心情，比今天去一〇一看跨年煙火的群眾還熱烈萬倍，人山人海根本可以把人擠出餡兒來。可是船靠岸了，我們的英雄怎麼還不登場？是不是鼓掌聲音太小？臺灣人無法想像，原來船上發生了一點小小小問題。

猜錯了，不是暈船，是中國軍官聽說臺灣還有許多日本的敢死隊，隨時可以衝過來拚命（想像力豐富），所以拒絕下船（那你幹嘛來）。在基隆的船上，他們甚至要求美軍派人先到臺北市區探探情況再說。這些心思細膩的要求讓頭腦簡單的美國大兵聽得目瞪口呆，直喊花惹發[230]，只好把中國軍隊罵出船外。而在高雄的船上，美軍則發狠威脅中國軍隊，你是要自己走還是我丟你上岸，臺灣民衆心中的英雄這才踏上臺灣的土地。

中國軍隊走了下來，大家看到的是一群像苦力多過像軍人的……呃，還是軍人。有的挑扁擔，全身家當雨傘水壺鍋碗瓢盆棉被枕頭都掛在上面（這需要李棠華特技團般高超的技巧），有人有槍但大部分沒有槍，衣衫襤褸軍容不整，對於看慣日軍衣衫整齊漂亮（戰敗後的這兩個月依然如此）的臺灣人來說，大概是原以爲相親對象是神鵰俠侶的小龍女，結果來的是那隻鵰的那種錯愕。當中國軍隊怯生生地穿過兩側列隊帥氣敬禮的日軍，那種對比說有多令人鼻酸就有多令人鼻酸。我要是在場目睹，肯定把頭別向天際，兩行清淚滑下。

不過臺灣人是還蠻善良的，雖然說第一印象怪怪的，但也馬上被熱血充（你以爲我要說沖昏頭嗎，字不一樣ＯＫ？）塞胸中，替他們解釋「他們就是認眞抗戰，打到衣服都破了」「他們的綁腿裡都有鉛塊，解下來可以使出武林絕學風神腿」[231]「雨傘打開來可以飛天也可以當降落傘，妙用無窮」（這是緋雨閑丸的招式吧[232]），這時若有人不識相冒出一句「日本根本不是他們打敗

230：英文的what the fxxx，大概可譯為「搞啥鬼」。

231：香港漫畫《天下》中主角聶風的腿法絕學。

232：日本電玩《侍魂》中的角色，武器是一把雨傘，我超愛選他的。

的，日本是美國投兩顆炸彈打敗的」，大概會被人阿魯巴到死。

眞正傻眼的還在後頭

盟軍最高統帥麥克阿瑟對日本發布軍事命令，日方需向同盟國投降，十月二十四日，中國派遣陳儀來臺，代表同盟國中國戰區最高統帥蔣中正接受日本的投降書。臺北市慶祝活動萬人空巷，比廟會還熱鬧（中風阿公又樂得在後空翻了）。當晚陳儀透過廣播訓示，臺灣公務員必須「不偷懶，不撒謊，不揩油」，這算是臺灣人第一次正式聽過的公開「新國語」。除了語言上有隔閡外，內容上也讓人難以理解：「不偷懶、不撒謊，這不是公務員的基本條件嗎？需要拿出來強調？」「不揩油？揩油是什麼，可以吃嗎？」[233]嗚呼！天眞的臺灣人居然傻到什麼是揩油都沒聽過，可見以前的日子過得有多單純；這讓我想起世界上只有兩個民族字典裡沒有「插隊」這個詞，一個是因爲他們從不會插隊，無法理解這個詞彙；另一個是因爲他們不會排隊，他們的排隊常態就

233：網路流行用語：「某某是什麼，可以吃嗎？」

是插隊。臺灣人不懂什麼是揩油，不知是兩種狀況的哪一種。

次日上午，陳儀終於來到臺北市公會堂參加受降典禮，臺灣末代總督在投降書上簽字，這就是「臺灣光復節」的由來。而這位末代總督後來被當成戰犯押送到上海，在獄中服氰酸鉀自殺。（這次跟柯南應該無關吧[234]！）

當陳儀踏進公會堂時應該很感慨，因爲這不是他第一次來──十年前臺灣總督府在此舉辦「始政四十週年紀念臺灣博覽會」，陳儀就以福建省省主席身分來過了，致詞時還恭喜臺灣人相當幸運，有機會做日本國民。十年流轉，想不到今日他舊地重遊，以戰勝者的姿態接受日本投降，改要恭喜臺灣人成爲中國人了。（麻煩幫我按一下，編號六五九二六，陳奕迅的〈十年〉。「十年之前～我不認識你，你不屬於我，我們還是一樣～」）

中國在臺灣設置「臺灣省行政長官公署」，做爲統治臺灣的行政機關。「行政長官公署」跟中國各省設置的「省政府」並不一樣，中央給予這個行政長官公署更大的權力，陳儀除了擔任行政長官外，還身兼臺灣省警備總司令，集行政、立法、司法、軍事於一身，眞的是要多拉風有多拉風，根本就是臺灣土皇帝。這個形容詞上一章用過了對不對？那是形容臺灣總督的時候。因此，

234：漫畫《名偵探柯南》中，用氰酸鉀殺人是常見的橋段。

臺灣人與新政府的蜜月期只有短短一個多月，就出現漫畫諷刺陳儀是貪得無厭的肥豬。臺灣人發現這個行政長官原來是臺灣總督二·〇，自然而然就把行政長官公署戲稱為「新總督府」了。（那個中風的阿公終於神情落寞不再後空翻了。）

這個新總督府以「臺灣沒有人才」「臺灣人不懂國語」等理由，拒絕臺灣人當官。以行政長官公署為例，二十一位高層官員中，只有宋斐如一個臺灣人（會特別提他，是因為他等等還會出場，而且是最後一次出場）；三百一十六名中階行政人員中，只有十七位臺灣人。本來躍躍欲試以為能夠臺人自治的知識份子們，得到的回應是「知道了、知道了，木暮麻煩你先回板凳坐一下，對著這邊喊死守啊死守」[235]，眞叫人欲哭無淚啊。

臺灣人除了公職搶不到，日本留下的土地、工廠和工作也被中國人瓜分了。不懂製糖的人可以安插當糖廠主任，不懂鐵路的人可以當鐵路局課員，而且大家攀親帶故把老鄉、親人也拉進工作單位裡，將臺灣人的職位擠走。同一個單位裡同樣級職工作的員工，中國人的薪水說是有偏遠加給，往往是本地人的兩倍。臺灣人以為從前日本人對臺灣人已經吃夠夠了，在這時候才知道有禮

235：漫畫《灌籃高手》中，木暮公延身為一個老是坐在場邊板凳上高喊死守，卻常常無法上場比賽的角色。

無體的日本人，表面上裝客氣事實上還眞的夠客氣了，臺灣人在戰後才見識到一山還有一山高，峰峰相連到天邊。

更加離奇的是，自古以來都盛產米糖的臺灣，米和糖居然開始憑空消失，一時之間大家以為米和糖被外星人綁架了。原來這些貨物有的被囤積起來哄抬物價，更多的是運送到中國大陸支援國民黨與共產黨的內戰，在戰爭結束後的短短時間內，米價一日漲好幾回，臺灣的米居然賣得比上海還貴！（那個中風的阿公氣到再度中風。）

抽菸有礙健康還會引起暴動

這些事情，軍警不管嗎？別傻了，軍警不要惹事大家就謝天謝地了。中國來的軍警因為長期與日本戰爭，普遍都有仇日情結，在臺灣島上看到許多還沒遣送返日的日本人到處喔嗨唷[236]就一肚子火，看到臺灣人也穿著木屐滿街空奶擠哇[237]更火；加上中國來的軍警本身素質多高可能有待商榷，恐嚇、搶劫、

236：日語的早安。

237：日語的日安。這四字音譯出自法國電影《終極殺陣2》。

殺人事件一再上演，當眞一槍在手希望無窮，只要龍五的手上有槍誰都動不了他[238]。而這些軍警大多來自中國的貧窮省分，對於現代化的臺灣鬧出頗多土包子笑話，例如有人目睹軍官搶了小孩的腳踏車，但因爲不會騎只好扛著走，小孩就跟在身邊哭鬧，軍官一急跳上腳踏車硬要逃脫，結果一頭栽進水溝。士兵沒見過自來水，於是買了水龍頭釘在牆上，以爲這樣就有水喝（那是哆啦A夢的道具好嗎）。臺北的百貨公司樓下，一群軍人聚集了幾個禮拜，爲的是圍觀可以升降的電梯，還嘖嘖稱奇呢。

這段時期，地表上所有看得見、搬得動、拆得了的設備和金屬都被拆光變賣：馬偕醫院被洗劫一空（幸好馬偕早已蒙主寵召，沒有親眼目睹）；鐵路的設備被偷光，因此接連發生數次火車事故；工廠的機械常被搬光，產業停擺，臺灣糖業產量倒退回清朝時期。（誰說時光旅行不可能實現？）

就這樣，在臺灣光復後短短一年四個月內，臺灣人見識到什麼是你給我天堂也給我地獄，官員腐化、民生凋敝、經濟衰退、紀律敗壞、治安惡化，連在日治時代已經成爲絕種動物的天花、鼠疫、霍亂等也都復育成功了（別講得像是螢火蟲一樣好嗎）。戰後初期本來有五萬名日本人表示：臺灣是我們的

238：電影《賭俠》中名句。

故鄉，拜託讓我們留在臺灣，幾個星期內全部求饒說拜託拜託快讓我回日本。臺灣的報紙社論不斷批判當局，當局發言人和政府報紙卻反擊說：都是臺灣人被日本人洗腦（你們這些皇民）、缺乏眞正愛國精神（不愛中華民國）、歧視外省同胞（撕裂族群）……等一下我確認一下資料……嗯，沒錯是七十年前的事，我還以爲翻到今天報紙了呢。連中國大陸記者和美國的官員都示警，現在臺灣處於一個隨時都能發生暴動的狀況。桶子裡的火藥已經塡滿了，就只差一根導火線和一枝番仔火而已；然而想不到引起爆炸的，不是番仔火，是香菸。

香菸是癮君子每日的必需品，因此早就有商人勾結軍界和海關，從香港、上海等地走私外國香菸進來販賣；諷刺的是，這些私菸也搶走了長官公署專賣局的香菸生意，因此時不時派人查緝，我說政府你到底要進還是要禁，自己先打一架決定可以嗎？

一九四七年二月二十七日，一個照例糟糕的一天。這天傍晚在臺北街頭有一位阿桑在販賣私菸，查緝人員神出鬼沒突然出現，要沒收所有香菸和金錢，阿桑苦苦哀求說沒有錢活不下去，誰知汪洋般的殺意，竟來自鼻屎大的動機[239]，查緝員華麗轉身，手中的手槍使出托擊法[240]，把阿桑的腦袋打破暈倒。

239：網路評論漫畫《名偵探柯南》的名句。

240：當兵要學的「刺槍術」招式。口訣為：上擊、衝擊、衝擊、砍劈、後退九步、快跑！

查緝員打完收工想使出托擊法最後絕招後退九步快跑時，不料爲時已晚，已經被憤怒的群衆跟上了。混亂中查緝員開槍誤射路人致死（又要重唱一次王菲的〈打錯了〉），讓民衆完全爆氣，包圍警局和憲兵隊，要求交出凶手，相關單位卻來個已讀不回。那一天，人類終於回想起了曾經一度支配他們的恐懼，還有被囚禁於鳥籠中的屈辱[241]。於是次日更多群衆衝進專賣局抗議。

二二八指的就是這一天

當天下午，群衆聚集在行政長官公署前示威請願，想不到憲兵突然開槍掃射手無寸鐵的群衆，大家又不是麥克連[242]，躲避不及死傷數十，美國駐臺大使柯喬治[243]恰好在場見證這一切，他與同伴還不顧危險救了兩名傷者。這一下存了一年多的火藥桶終於引爆了，年輕人衝進廣播電臺向全島說明事件經過，呼籲全臺民衆響應。於是事件立刻擴及全臺，憤怒的民衆毆打外省人造成死傷，軍隊則四處鎮壓民衆。沒多久，民意代表組成「二二八事件處理委員

241：漫畫《進擊的巨人》著名臺詞。

242：美國電影《終極警探》系列主角，槍林彈雨中來去就是死不了。

243：後來他自己音譯為「葛超智」。不過我覺得這名字聽起來，倒像科幻片某種人工智慧軟體的名稱。

會」，與政府談判。委員會要求政府進行政治改革，陳儀謙卑謙卑再謙卑地回應，一定一定馬上馬上遵照遵照；但委員一走，四下無人之時，那一天，陳儀終於回想起了，曾經一度支配他的恐懼，還有被囚禁於鳥籠中的屈辱（這哏要用幾次），馬上拍電報請南京中央政府派兵。

三月七日，二二八事件處理委員會擬出具體的善後處理方案和日後改革要求，呈交給陳儀。在這之前，陳儀已經確認中央派來的大軍何在，（大軍：「我已經沒有特異功能了，還在這裡惹人閒話嗎？」）[244]因此可以做自己好自在，直接使出川劇絕活變臉，當場震怒將改革草案拋在地上，拂袖而去。隔日，憲兵團團長還向委員會發誓，「余可以生命保證，軍隊絕不再開槍，余亦相信，中央絕不派兵來臺」，想不到就像路邊賣蜂蜜招牌寫「不純砍頭」結果不純砍的是蜜蜂的頭一樣，這位長官的「以生命保證」，原來是拿臺灣人的生命來保證。三小時後，中國來的軍隊登陸基隆，在碼頭見人就掃射，臺灣史上最慘烈的大屠殺正式開始，強烈建議讀者一定要去搜尋或者購買相關報告來研讀，以下事實我無法用任何搞笑哏來加諸這場悲劇上，我只列出一些關鍵字讓諸君參考，避免敘述過於詳細而造成恐怖：腳踝、鐵線、麻袋、投海、閹割、

244：電影《賭俠》中著名臺詞。「大軍」是片中反派名字。

耳鼻、四樓、肉餅、補刀、釘樹、三人以上、掃射、活焚、地下道、掃射、手榴彈、愛河、迫擊砲、坦克、機關槍、步槍、公開槍決、未審訊、清鄉、搶劫、掃射、曝屍、刑求……（這樣寫好像更恐怖，但我甚至已經把更恐怖的詞彙略過去了。）

到四、五月，當年敢當出頭鳥參加「二二八事件處理委員會」的地方要人，基本上都殺得差不多了，自始至終躲在家裡根本沒管這事的許多醫師、律師、學者也從家裡被帶走而神祕消失，包括剛剛提過的行政長官公署中唯一臺人高層官員宋斐如。因此有不少人——包括國外記者——認爲這是計畫性剷除所有臺籍精英的政策。

剛剛跑出來救了兩個傷者的阿啄仔柯喬治，後來寫了一本書叫《被出賣的臺灣》，對於戰後初期到二二八事件都有詳細的描述。對於二二八事件，他書裡提到，有一位仁兄曾經目睹「南京大屠殺」與二二八事件，他認爲二二八事件的殘忍超過南京大屠殺，因爲南京事件是戰爭下憤怒的產物，二二八卻是由政府加諸於自己人民的冷酷報復。我不知道柯喬治聽了這一番話有什麼感想，不過我的感想是這位仁兄根本是死神吧你，爲什麼你所到之處就有大屠殺，你比柯南乘以金田一的帶衰指數還高百倍，你如果上天堂那我寧可到地獄避難啊。

二二八事件留下的巨大影響是將臺灣的知識份子剷除殆盡，更讓人民在陰影下卑屈自辱，對政治參與從熱烈轉爲恐懼、失望。本來在這之前，臺灣人參政的熱情高到頂天，三十個省參議員名額的選舉，來了一千多人候選；經歷二二八之後，五十五個名額只剩下一百四十位候選人。臺灣人互相告誡，別當智多星寧當派大星[245]，有時候扮派大星扮久了還眞的會有點失智，就這樣選擇遠離政治甚至避談至今。直到今天，二二八事件仍沒有完全讓人信服的眞相，死亡人數多少？從四十三人到十萬人都有人主張；有人說本省人死得多、有人說外省人死得多，受難者的口述還可以像是回春堂朱二[246]一樣前後不一。臺灣社會可以出現兩種平行宇宙的二二八眞相分析，把日期遮起來的話你會以爲是在報導兩起事件。這件懸案就算是請金田一來辦案他都推理不出眞相啊，而且就算金田一說出名言「凶手就在我們之中」[247]後，臺灣島上也會有一堆人罵他「事情過這麼久了找凶手有意義嗎？」「不要製造仇恨好嗎？」「要往前看不要往後看」「都已經道歉了不然還要怎樣」，嗚呼，我看金田一還是別來好

245：卡通《海綿寶寶》中人物，愚蠢是其特徵。

246：周星馳電影《九品芝麻官》中的人物，在公堂上作證但前後證詞不一。

247：漫畫《金田一少年之事件簿》主角金田一推理出犯人時的名言。

了，免得被罵是皇民後代來挑撥的。（咦，金田一是日本人沒錯！）

那些年，我們一起追（殺）的匪諜

那幾年臺灣人民不好過，在中國大陸的人民也不好過。在第二次世界大戰結束後，在中國大陸的國民黨與共產黨，立即開始算起對日抗戰前還沒了結的帳。國民黨政權腐敗因而失去民心，戰爭節節敗退。關鍵性的一年，一九四九年，發生了很多具有重大影響或有代表性的事件：包括因爲通貨膨脹嚴重，乾脆砍掉重練[248]，發行新臺幣；並且進行土地改革，慷他人之慨將地主的土地分給農民，板橋林家與鹿港辜家在這階段獲得國營事業股票，從地主轉職成爲魔法師[249]……ㄟ……企業家啦。這一年還有幾件事我想稍微細講，以下我一一分別說來：宣布戒嚴、林獻堂赴日、國民黨政府來臺、《自由中國》創刊。

由於國民政府被共產黨打到四面楚歌，疑神疑鬼認爲草木皆兵，因此公布了《戒嚴法》實施戒嚴，與早些公布的《動員戡亂時期臨時條款》一起凍結

248：「砍掉重練」為網路用語，指遊戲玩到一半發現角色練的能力太弱，救不回來，乾脆把角色刪除掉重新玩一隻。

249：源自漫畫《萌系魔法師》，後來成為網路流行哏，超過三十歲未交過女友者戲稱為「轉職為魔法師」。

《憲法》的部分條文，操作軍事統治。戒嚴後來持續了三十八年，在當時達成世界上最長戒嚴令之成就，後來才被敘利亞破紀錄。戒嚴時期，原本憲法賦予人民的集會、結社、出版、言論等自由，通通受到限制。更具體地講，好比說：要創辦報社困難重重，報紙張數有限制，報社不能隨意更換發行地和印刷地。聽收音機廣播要申請執照；基隆、高雄港半夜一點到五點平民禁止外出；若罷工、罷課及遊行請願等行動一定被抓；人民隨時隨地要帶身分證備查。

這段期間，人民因批評國民黨或抱持不同政見，而被逮捕處刑的經驗，稱為「白色恐怖」。家裡有馬克吐溫的《湯姆歷險記》會被抓，因為馬克吐溫和共產黨的老祖宗馬克思都姓「馬克」，顯然是親戚；臺語、原住民語版的《聖經》被沒收；宣揚臺獨者被打成匪諜、左派思想者被打成匪諜、不敬蔣總統者被打成匪諜、被誣告者被打成匪諜（真的是用打的打到你承認）。無數人被懷疑、誣陷為「匪諜」，政府以「寧可殺錯，不可放過」的心態，槍決數千人。二二八事件加上白色恐怖，讓臺灣島上的人民再也不敢隨意說出實話，正是：「寶寶心裡苦，可寶寶不說。」250

250：中國網路流行用語。「寶寶」是自稱。

交代一下林家三少爺和長壽阿火哥的下場

這時有點才幹的本省人，目睹戰後腐敗政治、經歷二二八事件，又眼見開始實施戒嚴，遭逢這一連串厄運後，不是已經強制成佛[251]了，就是噤若寒蟬，轉向於文史研究或乾脆隱居，不再過問政治。例如日治時代抗日的老大哥林獻堂，原本是忠貞的「祖國派」，對於回歸中國有極大的熱誠，想不到戰後遭受這個祖國一連串惡整排擠，要不是二二八事件時他收容保護被民眾追打的財政部長，還算護黨有功，不然下場大概也像他那些抗日同志一樣被殺了。林獻堂在二二八事件時，聽聞不少老友死亡的消息，加上政府土地改革把他的土地革掉不少，他萬念俱灰之下，自稱生病跑到日本隱居，連兒子死了他都不回臺灣。國民政府派出已經加入國民黨的蔡培火到日本勸林獻堂回來，這兩個當年情比夫妻深的老戰友在政治理念已經形同陌路，最後林獻堂直言，他若一回去，等於任憑政府宰割，老朋友我讀書少你不要騙我（摸鼻子）[252]。蔡培火也只好摸摸鼻子，灰溜溜地回來。

最後林獻堂老死在日本，這一個他抵抗了一輩子的國家，竟然成爲他人

251：漫畫《靈異教師神眉》中主角的大絕招。聽起來很美好，其實就是把對手打得魂飛魄散。

252：「我讀書少，你不要騙我」是李小龍在電影《精武門》中臺詞，通常用來表達「我不會上當」之意。摸鼻子也是李小龍的招牌動作。

生最後的庇護。蔡培火是戰後少數能在朝廷位居要津的臺灣人，然而也是政府塑造給本省人看的樣板人物，沒有政治實權。阿火哥最後活到九十幾歲高壽，畢生致力於公益、教育活動，不能說沒有貢獻，然而由於失去日治時代敢與當權者大小聲的勇氣，造成有部分臺灣人對他並不諒解。坦白講，如果他在日治時代就掰掰的話，一生定位停留在「抗日」上，名聲不會低於今天的蔣渭水；成語說「生不逢時」，卻不知也有「死不逢時」。

林獻堂的赴日，代表了本土知識份子在一連串打擊後的灰心絕望，以及深刻的無能為力。

臺灣地位未定論與費馬最後定理[253]並稱世上最難解之謎

一九四九年年底，國民黨政府播遷來臺，中國大陸的國號改為中華人民共和國。而這件事影響臺灣甚鉅，最直接的衝擊就是經濟、人口壓力，臺灣島在這一年左右湧進了一百萬軍民，原本的經濟、社會結構全亂了套，通貨膨脹

253：費馬最後定理為：$X^n+Y^n=Z^n$，當$n>2$時，不存在整數解。這背後有很複雜的故事，自己去查。

脹得比我過年的體重還快（好驚悚啊），此時的物價指數已經是四年前的七千多倍。蔣中正雖然搬了七十噸黃金來臺灣，然而事實證明，把這些黃金丟進臺灣的經濟黑洞，這就像把一把椅子丟進一堆成龍裡一樣危險[254]，在第二年就花光光了！還能怎樣呢，大家吃飯攪鹽，咬牙打拚過活唄。此後，俗稱「外省人」的移民，在臺落地生根，不再是外人，與這塊土地一起歡笑，一起流淚。

國民政府轉進臺灣還有一個決定性影響，發生在國家型態上。請注意：先前我提過，十月二十五日臺灣光復節，當時是日本代表向「同盟國中國戰區」投降，並非向「中華民國」投降。諸君可能會說那又怎樣差很多嗎，當然差很多：我把錢捐給你，和我把錢捐給你公司，兩者差得有范冰冰到白冰冰那麼遠。以下問題有點複雜，複雜到當我釐清這些因果之後，突然覺得廣義相對論[255]超簡單。為求解說方便，從頭條列臺灣主權關鍵時刻並講解如下：

一八九五年，清國與日本簽訂《馬關條約》，臺灣澎湖永久讓與給日本。規定兩年後還掛網在「日治online」[256]留在臺澎的人自動升級成日本國國民——到目前為止，臺灣澎湖是命中注定、篤定、肯定、永久、永恆、永遠、長久、forever and ever是日本國土了。誰也想不到，煮熟的鴨子有一天還會飛走。

254：漫畫《銀魂》的名句。成龍的武打片很喜歡拿椅子打鬥並且破壞，因此「一把椅子丟進一堆成龍裡」代表極其危險。

255：愛因斯坦提出的理論，在當時宣稱「全世界懂得廣義相對論的只有三個人」。

256：掛在網路上不登出稱為「掛網」。「日治online」則是把生活在日治時代比喻成玩網路遊戲。

一九四三年，美國、英國、中華民國，發表《開羅宣言》，說明三國對日作戰的宗旨，日本竊取中國之領土如臺灣澎湖等，請你～拿了我的給我送回來，吃了我的給我吐出來～[257]要歸還中華民國了——前文已經提過了，這是美英兩國要拉中華民國入同盟國的利益交換，算是先承諾戰爭勝利後，要分給中華民國的戰利品。

一九四五年，美國、英國、中華民國簽署《波茨坦宣言》，要求日本無條件投降，並再次主張《開羅宣言》的條件——然而《波茨坦宣言》跟《開羅宣言》一樣，並非正式條約，算是戰爭時期向日本勸降的通告而已。

打完收工，日本戰敗了，照理說接下來的進程是：一、日本向同盟國宣布停戰；二、同盟國接手代管臺澎；三、日本跟同盟國簽訂和平條約，註明臺澎應該還給中國。好的，日本確實停戰同意投降了，第一階段完成。同盟國中國戰區的中華民國也來代管臺澎了，第二階段也完成；雖然接管的同時，臺澎人民已經以爲從此就是中國人了，而中華民國也儼然以統治者自居，反正你們遲早都會是我的人嘛，就好像小孩端菜上餐桌時誰不先偷吃顆貢丸，橫豎開飯後也是我的東西沒差啦。但是想不到，日本跟同盟國簽訂和約的時間拖得拿～

257：中國樂團「花兒」的歌曲〈嘻唰唰〉歌詞。

摸～久，短短幾年內發生了天翻地覆的改變。比如說發生二二八事件，中華民國軍隊屠殺的臺灣人其實仍是日本國人民（因爲日本還沒簽和約，尚未把臺澎權利正式讓渡給中國）。對中華民國而言更慘的是，這段時間內它已經失去大陸土地，只好擠到原本代管的臺灣地區來借住。

以下文字早個三十年發表作者就入獄了

一九五一年，四十八國（但不包括中華民國和中華人民共和國）與日本簽訂《舊金山和約》，盟國正式結束對日本的戰爭，日本也放棄對臺澎的權利、權限與要求。然而並未說明臺澎須讓渡給那一國——之所以兩個「中國」都沒參加，是因爲諸位強國叔叔阿姨還沒辦法決定誰才能代表「中國」。美國爲了解決這件事，從中斡旋，於是隔年讓中華民國與日本補簽一下《中華民國與日本國間和平條約》（簡稱《中日和約》）。接著，最複雜的問題就在這裡！

當今外交部的說法是：在《中日和約》裡，臺澎已經歸還中國，而中華民國，恰巧就是那個中國。而且戰勝國先占先贏，占久了就可以合法擁有土地，所以臺灣澎湖就是中華民國的領土無誤。不過中共也跳出來說，想當初清國滅亡，中華民國能繼承清國土地；今天中華民國滅亡了，中華民國的所有土地，包括臺澎，當然也是我的啦！（中華民國弱弱地說，喂我還在場耶，你再講我就、我就辦徵文比賽了喔！）[258]

如果諸君以爲：原來就是兩岸在吵誰才是正統中國，誰就可以拿到臺澎而已，那就低估這問題的複雜性了。有一派「臺灣主權未定論」支持者則抓到漏洞：中華民國在一九五二年跟日本訂了《中日和約》沒錯，但日本在早先的《舊金山和約》已宣布放棄對臺的一切權利，在《中日和約》怎能再一次決定臺灣的處理方式？你回春堂朱二啊你，去年你已經放棄臺灣了，今年哪來權力把臺灣送給中華民國？（朱二：「可能是小人記錯了，大人。」）[259]而且同年在《中華民國外交部對日和約案》卷第五十四冊白紙黑字地記著：「查《金山和約》[260]僅規定日本放棄臺灣澎湖，而未明定其誰屬，此點自非《中日和約》所能補救。」臺灣主權未定論支持者大喊：「猴～!!沒收功就罵髒話！這下換

258：遇到主權問題，例如釣魚臺主權歸屬、臺灣主權探索等等，外交部常以辦徵文比賽的方式來讓更多人關注議題。

259：周星馳電影《九品芝麻官》中朱二的臺詞。

260：就是《舊金山和約》，不是新北金山區的和約。

你沒有特異功能了！」[261]你外交部自己都承認《中日和約》無法決定臺灣歸屬於哪國，所以臺澎主權根本就是《舊金山和約》所寫的，日本必須吐出來，但沒寫屬於任何國家。等等，這麼一講，中華民國在臺灣，根本也就是戰後的代管政府而已，不是臺澎的眞正政府啊！（中華民國硬硬地說，喂我還在場耶，你再講我就、我就辦徵文比賽了喔！）

這是臺灣史上最大難題，有待未來的臺灣人一同發揮智慧解決。（沒錯我把這問題丟給讀者您了。）（什麼？你說我怎麼不解決？我是什麼咖啊怎麼會輪到我解決這種問題呢？）

《自由中國》不自由也不在中國，這雜誌名稱太諷刺了

這一年跟著政府一起來臺的，還有《自由中國》雜誌。會辦這份雜誌的原因，乃是有一群愛好民主自由的人士，認爲必須要用民主自由來對抗共產主義才行。當時美國雖然反對共產主義，但覺得國民政府也是……嗯，人家不

261：周星馳電影《賭俠》著名臺詞。指一時說溜嘴，因一句話而破功。

好意思說；《自由中國》的發行，剛好可以給美國佬看看咱們的言論有多自由，有助於提升國際形象，因此連蔣中正都按讚說好。

《自由中國》就這樣在臺灣順利發行，但是過不了多久，雜誌社發現與其隔海罵街，其實還有人就在自己身邊更欠罵啊，還不如先反省自己、健全制度還來得對國家有益。於是批評的方向也從針對中共、蘇俄，轉移到對臺灣內政的反省檢討。但在初期，雜誌社社長雷震（這名字真霸道）對於蔣總統還是很保護的，臺大教授殷海光曾經投稿批評蔣中正的文章，被雷震退稿；雷震也知道蔣中正不完美，但目前反共抗俄大業還需要他來領導，不能弄髒蔣總統的光環。不過就算不批評總統，這個政局可批評的事情也太多了，創刊兩年後雜誌發表了一篇社論，揭露情治單位利用權勢自肥，這篇社論一出，馬上引起上頭黨政軍的關心，甚至有特務開始在雜誌社門口站崗。

一九五六年十月，剛好是蔣中正七十歲大壽，咱們蔣公有點傲嬌地說：「歌功頌德什麼的，人家才不要呢！」明確指示國內各家刊物不要刊登祝壽圖文浪費國家資源，並且希望全國報章雜誌要爲民喉舌，大家有話直說，勇敢地、斗膽地、向天借膽地、你好大的狗膽地用力進諫，政府一定虛心研討，採擇實施。天哪，《自由中國》雜誌社等你這句話好久了，居然要我們火力全開往死裡罵，這種要求我這輩子沒見過[262]。結果雜誌諸位主筆作家還真的不留情面，發行「祝壽專號」，提出各種諍言，雖然以當今的眼光來看，這些批評一點都不夠酸，pH值大概只到六而已；火力之微弱，如果上鄭弘儀[263]的節目根本領不到通告費，不過在當年硬是要得，民眾大呼比吃麻辣鍋還過癮，銷路大增，總共印了九版，但也埋下日後被和諧[264]的危機。雷震啊雷震，你慘啦！方丈爲人很小心眼的！[265]

啊「祝壽專號」既然都豁出去了，就像王若琳在春浪驚世一脫接下來就不扮玉女一樣[266]，《自由中國》批評時政更加激烈，從反攻大陸、教育問題、新聞自由、救國團、修憲、組黨等話題，不斷挑戰政府的容忍極限。後來雷震等《自由中國》知識份子想與臺籍省議員郭雨新等「五龍一鳳」（這外號真像黑社會）合作，醞釀組織新的反對黨，殷海光也在一九六〇年九月一日的《自由中國》上，豪氣地寫了篇文章說組黨就像大江東流擋不住，結果三天後這條大江就被擋住了。

262：周星馳電影《九品芝麻官》臺詞。反派挑釁說「打我啊笨蛋」，主角兩人聞言立即對反派拳打腳踢，說：「大家都聽到了，是他叫我打我才打的。這種要求我這輩子沒見過。」

263：臺灣政論節目主持人。

264：政府當局以手段解決事情，對外宣稱已經達成共識和諧落幕，稱為「被和諧」或取諧音為「被河蟹」。

265：出自周星馳電影《食神》臺詞。主角得罪少林寺方丈，僧人偷偷告誡之語。

得罪了方丈還想走?![267]

九月四日星期天，農民曆說宜查水表[268]。雷震與雜誌社諸位幹部，在各自家中被情治人員和警察逮捕；同時政府也邀請臺北地區各報社長和總編輯，在總統府面前的臺北賓館餐敘，當場發下一本三十八頁的小冊子，書名曰《自由中國半月刊違法言論摘要》，裡面羅列數年來《自由中國》的違法言論，包括倡導反攻無望：「因爲被『馬上就要回大陸』的心理所誤，官方的許許多多措施都是過渡性的措施，不求徹底，不求永久。」還有挑撥本省人與大陸來臺同胞間感情：「在中央各院部會中竟沒有一個臺灣人，這是不是能夠使臺灣人相信我們已經恢復了國家主人翁的地位呢？」以及鼓動人民反抗政府流血革命：「人民還是有理由要求獨裁的反共者下臺。」其他罪狀還有「主張美國干涉我國內政」「煽動軍人憤恨政府」「爲共匪做統戰宣傳」等。政府要求各報在第二天立即帶風向[269]，登出全文讓民衆有「《自由中國》犯法該死」先入爲主的想法。

開庭之後，蔣中正在總統府主持雷震案的判決會議，直接指示：雷震的

266：王若琳剛出道時被定位為玉女歌手，二〇一五年在春浪音樂節中脫掉外衣，僅穿高叉泳衣搞怪表演，此後在粉絲團便開始做自己好自在。

267：出自周星馳電影《食神》臺詞。

268：網路用語，指政府用查水表來欺騙民眾開門以進行拘捕搜索。

269：在PTT網路論壇上，別有企圖地搶在文章底下顯眼位置推噓文，企圖讓後進讀者以為此推噓文為主流民意，稱為帶風向。

刑期不得少於十年，《自由中國》雜誌Game Over。此後雷震開始了他的牢獄生涯，連自己的兒子死了都無法見最後一面，只好寫下輓聯：「盼兒慢慢走，父會跟著來。」不好意思我去擤一下鼻涕。

在經歷了二二八臺籍精英消失之後，白色恐怖也將有民主意識的外省文人扼殺，幾乎達成的組黨夢想突然幻滅，有詩為證：「我和我追逐的夢擦肩而過／永遠也不能重逢／我和我追逐的夢一再錯過／只留下我獨自寂寞／卻不敢回頭。」（那是劉德華的歌吧！）臺大教授殷海光被逼退臺大，被特務監視長達兩年。連帶著與他交好的一群同事也被冠上「殷海光的餘孽」之罪名被解聘。（我還以為「餘孽」這種詞只有在武俠小說會出現。）

本來與雷震準備組黨的本土民主人士，在《自由中國》休刊後頓失所依，群龍無首；然而往好的方面來講，《易經》中的「群龍無首」反而是吉象，人人自主經營又互相扶持，遍地開花延續臺灣民主的命脈，這些自外於國民黨一黨獨大的異議人士，形成了「黨外」的勢力，萌生了七〇年代的黨外運動。

例如剛剛提過的郭雨新，便與祕書陳菊（當時已經長得像花媽了，但還沒有「花媽」這個外號）（念在她當時還是二十來歲的少女，好啦，不像花媽，像花媽年輕時）將黨外運動帶入大學院校；市面上也陸續出現黨外雜誌。選舉的時候，著名黨外候選人的政見發表會，人數隨便都嘛給他破萬。雖然以上這些事聽起來好像很民主自由了，然而白色恐怖的鹹豬手（等一下，一般是形容爲魔爪吧）其實沒有停歇過。例如雷震從黑牢歸來，依然受到十一個特務全天候監視（幹嘛不乾脆湊十二個星座呢），監視到雷震家對面的牛肉麵店老闆都快發VIP卡給特務了。郭雨新每次逢年過節要送禮品給雷震，便託陳菊送去，當陳菊按下雷震家門鈴時，就像是按到特務的敏感部位（哪裡呢）（敏感神經囉）一樣，立刻狂奔到陳菊面前盤問「小姐～喜歡吃青椒嗎？[270]叫什麼名字？來幹啥的？」所以一定程度上，雷震其實是被軟禁的，而郭雨新其實也受到二十四小時監視中。在這樣的嚴格控制之下，民主的接力棒，只好轉遞給年輕的一代。

270：漫畫《蠟筆小新》中主角小新搭訕正妹時的第一句話。

故事講了這麼久，終於講到民主時代了

一九七九年，一份黨外刊物《美麗島雜誌》創刊，陳菊擔任編輯委員。這一年十二月十日，《美麗島雜誌》舉辦世界人權日相關活動，進行遊行和演說，呼籲追求民主自由，並要求終結黨禁和戒嚴；這場遊行的結果是警民大衝突，史稱「美麗島事件」。幾日後，治安單位逮捕《美麗島雜誌》相關人員包括陳菊、林義雄等數十人，獄方還要求這些人寫遺書，陳菊當時寫道：「願所有受苦、受縛、被壓迫的人早日得到解放，願我深愛的故鄉——臺灣的人民早日享有眞正的公平、平等、自由、民主的生活。祈法律能象徵代表正義，而非只是統治的工具，形同具文愚弄人民。」（我引用這個應該不必分版稅給花媽吧？）

美麗島事件是近代臺灣政治非常關鍵的分水嶺，不只是此事激起臺灣民眾要求民主的意向，更讓一群辯護律師正式投入黨外運動，到了一九八六年，社會的民意就像醬爆心中那一團火被點燃要爆了[271]，各種抗議遊行請願運動不斷，當時的總統蔣經國雖然是繼承著父親蔣中正戒嚴的路子走來的，然而到

271：周星馳電影《少林足球》中，一名叫醬爆的角色聽了周星馳的山歌，有感而發：「剛才聽到這位先生唱的歌，熱情奔放、創意無限。點燃起我醬爆心中的一團火，我醬爆感覺到，在這個moment，要爆了～」

晚年他也透露出些許開放改革之意，例如「時代在變、環境在變、潮流也在變，執政黨必須以新觀念、新做法，推動革新」「臺灣的政治，遲早是臺灣人的」。（不過下一句是「他們何必這麼急？」奇怪耶，啊人民催一下進度不行喔！）於是在一九八七年七月宣布解除長達三十八年的《戒嚴令》，接著廢除黨禁、報禁，人民終於能放心成立新政黨和辦報紙；至今「臺灣歷史最悠久之政黨」「解除戒嚴見證臺灣民主之可貴」等功績仍爲國民黨所宣傳，屢屢讓民衆看到廣告不禁虎目含淚、感動到不能自已。

好啦，我故事就打算講到這裡。這一串故事，我講得超主觀、超簡略、超旁枝末節，爲的是要把你騙進來看，讓你一邊讀一邊笑罵：「眞的假的？」然後自己動手去找書、去搜尋、去問你媽媽眞的假的。什麼？可是故事還沒講完？本來就講不完的啊，諸君以爲我會從史前時代一路講講到今早發生的事嗎？想知道今早發生的事，去看新聞啦。

都已經解嚴了，接下來的事，不是聽我繼續坐在這裡講古，而是要去創造出來的。OK，不敬禮解散！[272] [*]

272：喂要跳起來拍手喊「殺」啊你們！

＊：編輯舉手發問：不是還有伏筆嗎？（敲碗）

來不及講的故事，請搜尋關鍵字：

戰後國語熱／海外獨立運動／三七五減租／美援／八二三砲戰／客廳即工廠／九年國教／禁止方言／退出聯合國／十大建設／鄉土文學論戰／中美斷交／林宅血案／鄭南榕／野百合學運／總統直選

〈作者又說〉

最後一個故事——這本書如何誕生

小人本住在蘇州的城邊，家中有屋又有田，生活樂無邊[273]～啊不好意思拿錯劇本，重來，Action！小人我本來只是個愛書成痴、戀舊成迷、收藏文獻成變態的小小肥宅而已。生平別無嗜好，和尋常阿宅一樣只會窩在電腦前科科笑。當然因爲家裡堆滿了臺灣文史相關的書籍文獻，有時爬起身換光碟片時（夠宅了吧）不免會撞到一旁的書塔（跟罐頭塔是相仿的概念），收拾間偶爾會瞥到書裡的內容，這些內容有時恰巧近日有人在網路問起，我就順便回應網友的問題。於是，在臺灣最大網路論壇PTT八卦板上，我陸續回了許多關於臺灣史的問題，例如霧社事件、臺語文字、劉永福、傳統文學、灣生、荷蘭殖民、鄭芝龍、改日本姓……好些文章被網友推爆了，大家也送我一個稱號——藏書界竹野內豐。（喂等一下那明明是你自己先自稱的耶！）

因爲寫了些文章的關係，究竟出版社便來信邀書。最初我是極力拒絕、

273：周星馳電影《唐伯虎點秋香》著名臺詞。

抵死不從，後來自稱都是美女的編輯群要找我去出版社，強調不聊出書單純只聊心事。陪一群正妹聊心事這種事情是我人生未竟夢想之一，遂找了一日下午瞞著妻女赴約。不料在出版社密室聊心事聊到一半，衆編輯突然把門關上開始談起寫作計畫，並且面露凶光，彷彿我牙縫中要是迸出半個「不」字，立馬要放狗出來。突然間我一陣暈眩，恍惚間我看見我的前世是唐景崧，被一群臺民「劫留」下來，不得不被推上總統職位。最後我站起身來，大吼一聲：「臺民願人人戰死而失臺，絕不願拱手而讓臺！」遂在編輯們的鼓舞下接受了書約。

要開始動筆前，我認眞思考：這幾年來，努力擺脫「嚴肅」包袱的臺灣史出版品可不少，我要用什麼方式切入呢？想起我前幾篇在網路上被推爆的文章，我訂出這本書寫法上的幾個方針：

一、用最接近「鄉民」的語言來說故事，不但褪去「嚴肅」，還傾向「有哏」：讓完全讀不下史普書的讀者，有一個認識臺灣史的機會。

二、減少年代數字的出現，強調歷史的因果。如同我們讀小紅帽的故事，故事裡不會提到「西元」，但我們對故事脈絡一樣能完全掌握，知道她最後在樹上用熱油燙死了虎姑婆。（等一下，是不是哪裡搞錯了？）

三、減少人物的出現。好比說日治時代的社會運動，活躍者一抓就是一大把，而且我都還沒提臺灣共產黨、農民運動的人物咧。但是我盡力將人名減到最少，盡量挑有故事的人來寫（那怎麼沒寫周華健）[274]，避免讀者記不得出場角色。

在寫書過程中，我找了一群大學時代的好友做我的祕密讀者，他們很能代表這世代的口味，這些好友不斷給我鼓勵、找哏、提問，使我在寫作初期能有堅定的方向與信心。後來我又陸續婉拒了七位出版社編輯來邀書，對他們著實抱歉，但也增強了我創作的意志。

在脫稿前夕，PTT有人問起一些關於臺灣史的問題，我摘錄部分書稿回文，順便試試水溫；結果文章不但被推爆了，也在網路論壇、臉書大量被轉載。許多網友紛紛留言「以前的老師能這樣上課就好了」「臺灣的歷史課本需要你」「如果歷史課本給你編就好了」「以前的歷史老師如果這樣講課我的歷史應該分數會高一點」「拜託你出書我要買」……

274：〈有故事的人〉是周華健的歌。

好啦好啦，你們要我出書，我這不是出了嗎？猴～～你們完蛋了你，那些留言說一定買書的網友，一個都不准跑，我心眼很小的!!

最後特別感謝幫此書繪製插畫的壯兔和幫插畫題字的柏豪。大學時代，我們就常聯手逗女生笑，想不到今日能聯手逗更多人笑。還要感謝我的歷史白痴愛妻，坊間的史普書她讀得下去的沒多少本，所以我便以她能否讀得下去為行文標準。就這樣，她邊讀邊笑，我居然也就這樣寫成一本書了！連阮某都讀得下去了，我確定，你也行！

Eurasian Publishing Group
圓神出版事業機構
用心與你對話．視野無限寬廣
究竟出版社
Athena Press

www.booklife.com.tw reader@mail.eurasian.com.tw

歷史 064

臺灣史上最有梗的臺灣史

作　　者／黃震南
發 行 人／簡志忠
出 版 者／究竟出版社股份有限公司
地　　址／台北市南京東路四段50號6樓之1
電　　話／（02）2579-6600．2579-8800．2570-3939
傳　　真／（02）2579-0338．2577-3220．2570-3636
郵撥帳號／19423061　究竟出版社股份有限公司
總 編 輯／陳秋月
專案企畫／沈蕙婷
主　　編／王妙玉
責任編輯／林雅萩
校　　對／黃震南．林雅萩．王妙玉
美術編輯／金益健
行銷企畫／吳幸芳．詹怡慧
印務統籌／劉鳳剛．高榮祥
監　　印／高榮祥
排　　版／杜易蓉
經 銷 商／叩應股份有限公司
法律顧問／圓神出版事業機構法律顧問　蕭雄淋律師
印　　刷／祥峰印刷廠
2016年8月　初版
2024年2月　70刷

定價 280 元　ISBN 978-986-137-224-2

比起從頭到尾好好把歷史課上過一遍，
我更有興趣的是在時光走廊閒逛時，駐足停下，
從牆縫偷窺一些鮮爲人知但眞的引人入勝的小玩意。
——黃震南，《臺灣史上最有梗的臺灣史》

國家圖書館出版品預行編目資料

臺灣史上最有梗的臺灣史 / 黃震南 著.
-- 初版. -- 臺北市：究竟，2016.08
304 面；14.8×20.8公分 --（歷史；64）
ISBN 978-986-137-224-2（平裝）

1. 臺灣史　2. 通俗史話

733.21　　105010755

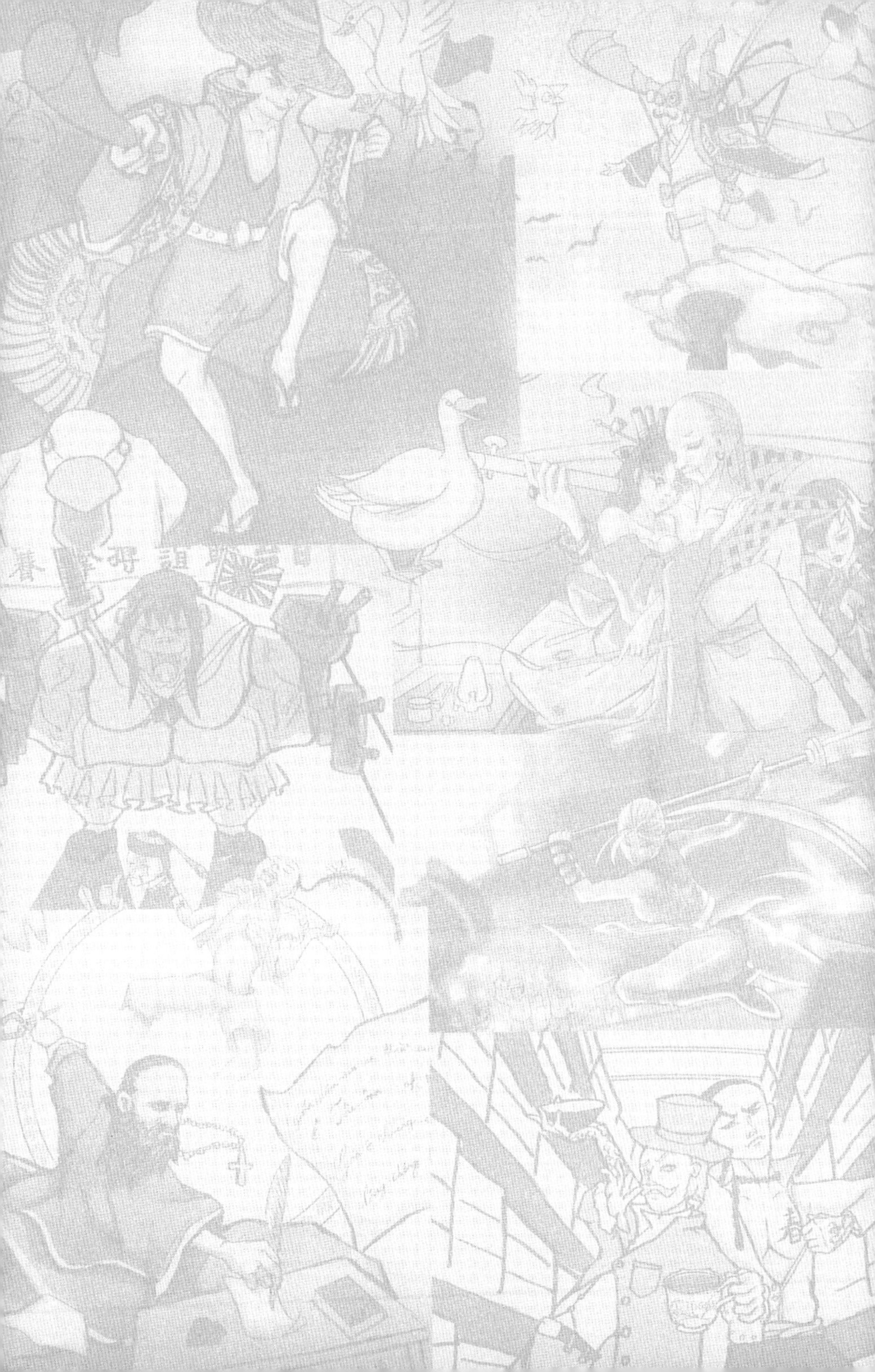